이야기 교과서 한국사 8

개혁 군주 정조 ~ 조선의 멸망

재미있는 우리 역사, 이야기로 정복하기
이야기 교과서 한국사 8

초판 1쇄 발행 2018년 11월 30일

글쓴이 문재갑
그린이 최승협

펴낸이 김경옥
펴낸곳 아롬주니어
편집 이진희
디자인 드림스타트

출판등록번호 제 406-4060000251002006000051호
주소 경기도 파주시 문발로 405, 204호
　　　서울특별시 마포구 월드컵북로 162-4 1층(편집부)
전화 031-932-6777(본사) 02-326-4200(편집부)
팩스 02-336-6738
이메일 aromju@hanmail.net
ISBN 978-89-93179-76-7 74910
　　　978-89-93179-46-0 (세트)

ⓒ 문재갑·최승협, 2018
저작권법에 의해 보호를 받는 저작물이므로 이 책 내용의 일부 또는 전부를 재사용하려면
반드시 저작권자와 도서출판 아롬주니어 양측의 서면 동의를 얻어야 합니다.

이 도서의 국립중앙도서관 출판예정도서목록(CIP)은 서지정보유통지원시스템 홈페이지(http://seoji.nl.go.kr)와
국가자료공동목록시스템(http://www.nl.go.kr/kolisnet)에서 이용하실 수 있습니다.(CIP제어번호: CIP2018035851)

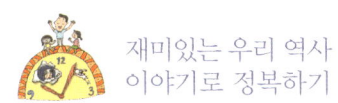
재미있는 우리 역사
이야기로 정복하기

이야기 교과서 한국사

개혁 군주 정조 ~ 조선의 멸망

8

글쓴이 문재갑 | 그린이 최승협

아롬주니어

들어가는 말

급변하는 세계정세를 외면했던
　　　　조선후기의 위정자들

'외삼촌과 함께하는 시간 여행 – 하루 두 시간'이 벌써 조선 시대 끝자락을 향하고 있네요. 외척의 등장과 세도 정치 때문에 왕권이 크게 약화되던 시기이지요.

서연이는 문득 정조가 즉위할 즈음 지구 반대편에서는 어떤 일이 벌어지고 있었는지 궁금해졌어요. 그래서 자료를 뒤적여 보았지요.

1769년 제임스 와트의 증기 기관 발명

1775년 미국 독립 전쟁 발발

1776년 아담 스미스의 《국부론》 발간

1789년 프랑스 시민 혁명 시작……

서연이는 지금까지 '조선 시대'를 아주 까마득한 옛날의 역사라고만 여겨 왔어요. 그런데 서양에서 벌어진 일들과 함께 연결 지어 생각하다 보니 그다지 오래전 일이 아니라는 생각이 들었어요.

그래서 곰곰이 생각해 보았더니 조선 후기는 할아버지의 할아버지가 살았던 세상이었어요. 그러니까 시골에 계시는 할아버지는 어렸을 때 할아버지로부터 조선 시대 이야기를 들으며 자랐던 거예요. 그러니 아주 먼 옛날의 역사는 아닌 셈이지요.

여하튼 18세기 후반에 이르러 세계정세는 하루가 다르게 변화하고 있었어요. 영국에서는 산업 혁명에 의한 기술 혁신으로 사회 전반에 근대화가 시작되었고, 미국 독립 전쟁과 프랑스 시민 혁명은 일반 대중들로 하여금 자유와 평등의 가치를 일깨워 주었지요.

하지만 조선의 외척 세력과 세도가 등 위정자들은 바다 건너에서 일어나고 있는 그와 같은 변화의 바람을 느낄 틈이 없었어요. 그들의 눈과 귀는 오직 권력만을 향하고 있었으니까요.

서연이는 그 어느 때보다도 집중할 생각이에요. 조선왕조 오백 년의 몰락과 일제강점기라는 치욕을 통해 우리가 느끼고 배워야 할 것들이 무척 많기 때문이지요.

자, 그러면 우리 다 함께 시간 여행을 떠나 볼까요?

등장인물

서연
깜찍한 소녀. 방학 때 놀 생각에 한껏 부풀어 있다. 시간 여행을 하자는 외삼촌의 제안에 잠시 심드렁했으나, 역사 이야기를 들을수록 알려고 하는 열정이 넘친다. 막내 재윤이의 친누나.

은서
무슨 책이든 한번 잡으면 놓지 않는 소녀. 서연이와 재윤이의 사촌이다. 역사를 사랑하는 마음이 남달라 초등학생이라고 보기 힘들 정도의 지식을 갖고 있다.

재윤
못말리는 장난꾸러기. 가끔 엉뚱한 이야기를 해서 모두를 멘붕에 빠뜨린다. 모르는 것을 아는 척하길 좋아하는데, 가끔 맞는 경우가 있다.

외삼촌
역사학과에 다니는 대학생. 군대를 갓 다녀와 아르바이트를 하면서, 시간을 쪼개 조카들에게 바른 역사를 가르쳐 주고 싶어 하는 역사 지킴이.

| 차례 |

들어가는 말
　　급변하는 세계정세를 외면했던 조선 후기의 위정자들 • 4

1 개혁과 통합으로 조선의 중흥을 꿈꾼 정조

1 정적들의 왕권 흔들기와 정조의 개혁 정책

　　왕세손에서 동궁을 거쳐 왕위에 오른 정조 • 12
　　나라를 개혁하기 위한 정조의 탕평과 대통합 • 26
　　정조의 꿈 –화성 행궁 건설과 성공적 개혁 • 38

2 흔들리는 왕권 – 수렴청정과 외척의 발호

　　순조의 즉위 –정순왕후의 섭정과 세도 정치 • 58
　　홍경래의 난으로 드러난 백성들의 마음 • 70
　　세도 정치에 갇힌 비운의 어린 임금, 헌종 • 90

2 서구 열강의 등장과 흔들리는 조선왕조

3 진주 농민 봉기, 그리고 동학 운동의 시작

농사를 짓다 임금이 된 강화도령 철종 • 106
난봉꾼 행세로 눈속임을 한 흥선 대원군 • 122
봉건 지배와 외세의 침략에 항거한 동학 농민 운동 • 138

4 열강의 경쟁과 흔들리는 조선왕조

갑오개혁과 을미사변, 그리고 아관 파천 • 156
러·일 전쟁과 한·일 협약, 그리고 치욕의 을사조약 • 172
한·일 병합과 함께 역사 속으로 사라진 조선왕조 • 188

1

개혁과 통합으로
조선의 중흥을
꿈꾼 정조

1
정적들의 왕권 흔들기와 정조의 개혁 정책

중·고등학교 교과서 관련 단원

• 중학교 역사 교과서 :
〈단원 6-4 조선 후기의 정치 변동〉

• 고등학교 한국사 교과서 :
〈단원 3-5 생각이 바뀌고 세상이 달라졌다〉

왕세손에서 동궁을 거쳐 왕위에 오른 정조

1776년 보위에 오른 정조는 조선의 스물두 번째 임금이에요. 1752년에 태어나 여덟 살 되던 해에 세손으로 책봉될 때까지만 해도 아무런 문제가 없어 보였지요. 하지만 그로부터 3년 후, 아버지 사도세자가 뒤주에 갇혀 세상을 떠나면서부터 갖가지 어려움을 겪기 시작했답니다.

외삼촌이 정조가 왕위에 오르기까지에 대한 이야기를 들려주었어요.

"영조는 두 명의 왕자를 두었어. 하지만 맏아들 효장세자가 10살이라는 어린 나이에 세상을 떠나 버렸고, 하나 남은 아들 사도세자마저 자신이 내린 왕명으로 비참한 최후를 맞

게 되었지. 그래서 영조의 뒤를 이을 후계자는 오직 한 사람, 사도세자와 혜경궁 홍씨 사이에서 태어난 손자 이산뿐이었단다."

재윤이의 입에서 불만 가득한 목소리가 터져 나왔어요.

"하여튼 영조는 나빴어요! 아들을 그토록 참혹하게 죽인 아버지가 이 세상에 어디 있겠느냐고요!"

그런 재윤이의 마음을 충분히 이해하고 있다는 듯, 외삼촌이 천천히 고개를 끄덕이며 말을 이었어요.

"여러 기록을 살펴보면, 사도세자는 세 살 때 영조와 대신들 앞에서 《효경》을 읽을 정도로 영특한 아이였단다. 그런데 매사에 엄격하기만 한 부왕 영조의 훈육 방식과 속이 뻔히 들여다보이는 양위(임금의 자리를 물려줌) 파동, 그리고 열다섯 어린 나이에 시작한 대리청정의 부담감으로 인해 정신 질환을 앓게 되었어. 그런 상황에서 갖가지 비행 사건이 터지고 말았으니, 따지고 보면 영조에게 결정적인 책임이 있다고 할 수 있겠지."

"세자를 폐위해 서인으로 강등시킨 뒤 끔찍한 방법으로 죽여 놓고서는, 목숨이 끊어지자마자 다시 사도세자라는 시호를 내리고 세자의 예로 장례를 치르게 한 것은 또 무슨 속셈이었을까요?"

재윤이의 질문에는 여전히 불만이 스며있었어요.

"어떤 이유가 있었든, 아들을 죽게 했다는 죄책감 때문에 괴로웠겠지. 나아가 훗날 보위를 이을 세손 생각을 하지 않을 수 없었을 거야. 어쨌든 죄인의 아들이 되어 버린 셈이었으니까……. 그래서 영조는 세손을 효장세자의 양자로 삼았어. 그런다고 해서 핏줄이 바뀌는 것은 아니었지만, 형식적으로나마 죄인의 아들이라는 굴레를 벗겨줌으로써 어

린 손자가 짊어져야 할 부담을 최소화해 주고 싶었을 거야."

내내 심각한 표정을 하고 있던 은서 언니가 물었어요.

"그럼에도 불구하고 대신들은 왜 세손을 끊임없이 괴롭혔던 거예요?"

사실 그 부분은 자료를 정리하는 과정에서 서연이의 고개를 갸웃거리게 했던 곳이기도 했어요. 그런데 은서 언니 역시 비슷한 궁금증을 갖게 되었던 모양이에요.

"두려움 때문이었겠지."

"뭐가 두려웠는데요?"

"어떤 방향으로든 사도세자 사건에 연관이 되었거나, 세자의 죽음이라는 최악의 사태를 막을 수 있는 위치에 있었음에도 불구하고 수수방

관袖手傍觀(간섭하거나 거들지 아니하고 그대로 내버려 둠)했던 대신들 입장이 되어 생각해 보면 답이 나오지 않을까?"

은서 언니가 고개를 끄덕이며 말했어요.

"세손이 보위를 이어받아 임금이 된 순간, 자신의 목숨이 달아날 수도 있다는……."

"당연히 그런 생각이 들었겠지. 그래서 모든 수단과 방법을 다 동원해 세손을 음해하려 했던 거야. 그 대표적인 인물이 영조의 총애를 받고 있던 공조참판 정후겸(화완옹주의 양자)이었어. 그는 세손을 비방하는 내용의 유언비어를 퍼뜨리기도 했고, 세손의 거처에 괴한을 보내 염탐을 시키는 등 대범한 짓을 벌이기도 했거든."

"이조와 병조 등 조정 요직의 여러 판서와 우의정을 거쳐 좌의정이

된 홍인한 역시 세손을 반대했던 대표적 인물 아닌가요?"

"홍인한은 세손의 어머니인 혜경궁 홍씨의 삼촌이었어."

외삼촌의 말끝에 재윤이가 두 눈을 동그랗게 뜨며 되물었어요.

"엄마의 삼촌이라면 세손에게는 작은 외할아버지가 되는 거잖아요! 그런데도 앞장서서 세손을 반대했다고요?"

"사도세자가 죽을 당시 홍인한은 조카사위의 목숨을 구하기 위한 그 어떤 노력도 하지 않았어. 자칫하면 화가 잔뜩 나 있는 영조의 눈 밖에 나 벼슬자리에서 쫓겨날 수도 있었거든. 그런 상황을 알고 있던 세손은 홍인한과 가까이하려 하지 않았지. 이에 불만을 품은 홍인한은 아예 화완옹주와 그녀의 양자인 정후겸 등과 결탁해 세손을 끌어내리기 위한 선봉장 역할을 하게 되었던 거야."

여전히 황당해 하는 재윤이에게 은서 언니가 설명을 덧붙였어요.
　"이런 경우를 가장 잘 설명하고 있는 사자성어가 적반하장賊反荷杖이야. '도둑이 오히려 몽둥이를 든다.'는 뜻으로, 잘못을 저질러 놓고 도리어 큰소리를 치는 사람을 일컫는 말이지."
　"우와! 은서 누나는 언제 한자 공부까지 했대?"
　"그리고 '방귀 뀐 놈이 성낸다.'는 말도 홍인한과 같이 뻔뻔하기 이를 데 없는 사람을 빗대어 표현할 때 자주 사용하는 속담이야."
　"히히, 그러네! 수많은 사람들 앞에서 방귀를 뀌고는 성질부리는 늙은 대감이라니…… 생각만 해도 웃긴다."
　"하여튼 홍인한은 영조가 대리청정을 결정하자 삼불필지설三不必知說을 주장하면서 세손을 철저하게 무시하는 한편, 권력의 중심축이 되지 못하도록 방해하기도 했어."
　"삼불필지설? 그게 뭔데?"
　"홍인한은 '동궁은 아직 나이가 어려서 노론과 소론을 알 필요가 없고, 이조와 병조판서가 하는 일을 알 필요가 없으며, 그 이외의 조정 일은 더더욱 알 필요가 없다.'는 주장을 펴면서 세손의 정치 참여를 원천적으로 봉쇄하려는 수작을 부린 거지."
　"대리청정이라는 게 왕을 대신해서 나랏일을 돌보는 건데, 홍인한의 말대로 한다면 모든 것을 대신들에게 맡기고 그냥 허수아비처럼 자리나 지키고 있으라는 거잖아?"
　"그렇지. 세손이 끼어들 여지가 없어야 자신의 자리가 보존될 테고,

그 자리의 권력을 이용해 세손을 공격할 수 있을 테니까……."

"흐음!"

재윤이의 입에서 나지막한 신음이 터져 나왔어요. 뒤주에 갇혀 죽어 가는 아버지를 용서해 달라며 할아버지에게 애원하는 어린 세손과, 그런 세손을 끌어내리기 위해 온갖 짓을 다 저지르고 있는 어른들의 모습이 머릿속에 그려지고 있었기 때문일 거예요.

하지만 재윤이가 모르는 게 하나 있어요.

비록 나이는 어렸지만, 세손은 그런 대신들한테 마구 휘둘릴 만큼 어수룩한 인물이 아니었다는 사실 말이에요. 게다가 그는 어렸을 때부터 왕세손과 동궁이라는 지위를 거쳤기 때문에 보양청과 강학청 교육을 거쳐 시강원에서 공부를 했어요. 일찌감치 제왕으로서 갖추어야 할 덕목을 배우고 익힌 것이지요.

특히 학문에 조예가 깊었던 영조는 자신이 죽고 나면 기댈 곳 하나 없을 어린 손자를 위해 친히 훈육하는 열의를 보이기도 했어요. 또한 기회가 있을 때마다 세손과 함께 경연에 참석해 신하들과 토론하게 함으로써 국왕이 지녀야 할 품격과 권위를 미리 체험하게 했답니다.

한참 동안 걱정스러운 표정을 하고 있던 재윤이가 물었어요.

"그렇다면 세손에게 도움을 주려는 세력은 없었던 거예요?"

외삼촌이 그런 재윤이의 어깨를 토닥여 주면서 입을 열었어요.

"그렇지는 않아. 그 당시 조정은 노론·소론·남인·북인 등 사색당파의 색채가 많이 흐려진 대신, 사도세자의 비참한 죽음을 주도한 노론 계열의 벽파와 그를 동정하는 남인 중심의 시파로 나누어져 있었어. 그러니까 사도세자 사건을 계기로 정계 개편이 이루어져 벽파와 시파의 대결로 압축된 거야."

"그렇다면 사도세자를 불쌍하게 여긴 시파가 자연스럽게 세손 편에 서게 되었을 테고, 세손을 향한 벽파의 공격에 대응하는 역할을 했겠네요?"

"그렇게 되었지. 어쨌든 세손은 할아버지 영조의 죽음과 함께 보위를 이어받았어. 열한 살에 아버지 사도세자를 여읜 이후 14년 동안 정적들의 거센 공격을 받아온 정조가 드디어 조선의 제22대 임금 자리에 오르게 되었단다."

"우와! 나이 어린 세손이 그 오랜 세월을 꿋꿋이 버텼네요!"

"영조 입장에서 생각해 보면 유일한 손자잖니. 또한 가장 고통스러우면서도 끔찍한 방법으로 사도세자의 목숨을 빼앗아 버렸고……. 따라서 영조는 그 어떤 상황에서도 세손을 보호했고, 눈을 감는 마지막 순간까지 세손을 걱정할 정도로 애틋할 수밖에 없었어."

"아, 그렇겠구나!"

정조가 왕위에 올랐다는 말과 함께 재윤이의 표정도 밝아졌어요.

"왕위에 오른 정조는 동궁 시절 자신을 그림자처럼 따라다니며 온갖 풍파를 함께 겪었던 홍국영을 승지로 임명했어. 또한 규장각을 창설해 새로운 정책을 연구하고 개발하는 한편, 인재 육성과 학문 정치 구현을 위한 기반을 마련하도록 했지."

"오랫동안 세손을 핍박했던 사람들은 어떻게 되었어요?"

"홍인한은 전북 여산으로 귀양을 떠난 후 다시 고금도에 위리안치(유배된 죄인이 거처하는 집 둘레에 가시로 울타리를 치고 그 안에 가두어 두던 일)

되었다가 사사되었고, 정후겸 역시 함경도 경원에서 유배 생활을 하던 도중 나라에서 내린 사약을 받고 세상을 떠났단다."

"화완옹주도 정조를 무척 괴롭혔잖아요?"

"화완옹주는 서인으로 강등된 뒤 강화도 교동과 경기도 파주에서 유배 생활을 했어. 대신들은 여러 차례에 걸쳐 중벌로 다스려야 한다고 주청을 올렸지만, 정조는 '선왕께서 사랑했던 딸에게 중벌을 내릴 수는 없다!'면서 끝내 허락하지 않았지. 그리고 1799년(정조 23)에 이르러서는 그녀의 모든 죄를 없애고 용서하라는 왕명을 내렸어."

"자신에게 엄청난 고통을 겪게 했던 사람을 과감하게 용서해 주다니, 정조는 완전 상남자였네요!"

"정조는 개인적인 원한을 접고, 영조가 추진해 왔던 탕평책을 이어받아 나라의 대통합과 개혁을 이루려고 했어. 따라서 노론의 척신(왕이나 세자의 외가 출신 신하) 세력과 대비되는 청류, 즉 청렴결백한 선비들을 등용해 조정의 분위기를 바꾸어 나가기 시작했단다."

재윤이의 얼굴에 만족스러운 미소가 번졌어요.

서연이는 그런 재윤이가 정조의 매력에 깊숙이 빠졌다는 생각을 했어요. 처음에는 그저 사도세자의 비참한 죽음으로 인한 동정심에서 관심을 갖기 시작했는데 말이에요.

재미있는 우리 역사, 돋보기로 살펴보기 1
정조를 위협했던 또 다른 인물, 정순왕후 김씨

영조에게는 두 명의 왕비가 있었어요. 어렸을 때 결혼한 정비는 두 살 연상의 정성왕후 서씨로, 영조와 사도세자와의 갈등을 풀기 위해 노심초사하다가 병을 얻어 66세의 나이에 세상을 떠났지요.

그로부터 2년 후 영조는 두 번째 왕비를 맞이하게 되었는데, 그 계비가 바로 정순황후 김씨랍니다. 정순왕후가 왕비로 책봉될 때 나이는 15세로, 남편 영조와는 무려 50년이 넘는 나이 차이가 있었어요. 영조의 아들인 사도세자는 정순왕후보다 10살이 더 많았고, 훗날 보위를 이어받게 되는 손자 정조와는 7살 차이밖에 나지 않았지요.

정순왕후의 아버지는 오흥부원군 김한구로, 노론의 핵심 인물이었어요. 그런데 사도세자는 소론에 가까운 편이었지요. 따라서 사도세자와 정순왕후는 여러모로 껄끄러울 수밖에 없었어요. 그런 까닭에 정순왕후가 사도세자의 비참한 죽음에 상당한 역할을 한 것으로 알려져 있지요.

그러다 보니 정순왕후와 정조 역시 사이가 좋을 수는 없었어요. 정순왕후의 친정 가문은 벽파에서 주도적으로 활동하면서 정조의 등극을 적극적으로 방해했고, 정조가 왕위에 오른 이후에도 벽파를 규합해 사사건건 시비를 일으키고는 했답니다.
한편, 정조의 뒤를 이어 11살 나이의 어린 순조가 즉위하자 정순왕후는 대신들의 간청을 수락하는 형식을 취해 수렴청정을 시작했어요. 그리고 정순왕후는 스스로 여자 국왕이라 칭하면서 주요 대신들에게 개인적으로 충성 서약을 받았어요. 그런 후 절대 권력을 행사하게 된 정순왕후가 처음으로 한 일은 시파를 숙청하는 것이었어요. 그래서 1801년 천주교를 탄압한다는 명목(신유박해)으로 정약용과 남인들을 숙청하는 등 정조가 시행한 많은 정책들을 백지화시켜 버렸답니다.

나라를 개혁하기 위한 정조의 탕평과 대통합

홍인한과 정후겸 등 주요 정적들을 제거한 정조는 규장각을 설치해 인재를 양성하는 한편, 학문 정치를 구현하기 위한 발판으로 삼고자 했어요. 나아가 왕권이 어느 정도 안정되자 선왕 영조가 시도했던 탕평과 함께 각종 개혁 정책을 추진해 나갔지요.

외삼촌의 설명이 이어졌어요.

"정조는 조정 관리로 청류 세력을 등용했어. 영조 재위 당시 조정은 오랜 세월 노론의 척신들이 권력의 노른자위를 독점해 전횡(권세를 혼자 쥐고 제 마음대로 함)을 휘두르고 있었어. 이런 분위기에서 정조는 엄청난 정치적 압박을 받으면서도 그런 척신들을 향해 끊임없이 쓴소리를 해 왔던 비주류 소장파少壯派(어떤 조직이나 단체에서 주로 젊은 층이 모여서 만든 세력)를 조정 관리로 임명하기 시작한 거야. 나아가 한동안 정치에서 소외되었던 남인 세력 역시 보듬어 안는 등 탕평을 실천했지."

재윤이가 눈동자를 반짝이며 물었어요.

"물론 세손 시절 자신을 끊임없이 괴롭혔던 벽파 사람들은 속이 후련해질 만큼 엄청 혼을 내줬겠지요?"

재윤이의 기대와는 달리 외삼촌은 고개를 가로저었어요.

"지난 2009년, 1796년부터 1800년까지 약 4년 동안 정조가 심환지에게 보낸 비밀 편지 297통이 공개되어 큰 화제가 되었어. 편지의 주인공 심환지는 젊은 시절 사헌부·사관원·홍문관 등에서 언관을 지낸 인물로, 의리와 공의에 반하는 행동을 하면 지위고하를 막론하고 무지막지한 비판을 서슴지 않았지."

"그런데 심환지라는 사람 이야기는 갑자기 왜……?"

"그 심환지가 바로 벽파를 이끄는 우두머리였거든."

재윤이가 화들짝 놀라 되물었어요.

"네?"

"정조의 최대 정적이었다는 말이지."

"헐……!"

재윤이의 눈동자가 갈피를 잡지 못하고 있었어요. 도무지 어찌된 셈인지 짐작을 할 수가 없었기 때문이었겠지요. 혼란스럽기는 서연이 역시 마찬가지였어요. 그러니 질문을 할 수밖에요.

"어떤 내용의 편지였는데요?"

"편지가 워낙 많아 한두 마디로 요약할 수는 없지만, 국정 현안과 앞으로 나아갈 방향에 대한 의견 교환이 주류를 이루고 있어. 다만 개인적으로 은밀하게 주고받은 비밀편지였던 만큼 임금의 체통을 내려놓고 상스러운 욕설까지 거리낌없이 쓰고 있는데, 이러한 사실로 미루어 두 사람은 무척 긴밀한 협력 관계를 유지하고 있었던 것으로 판단하고 있단다."

외삼촌의 설명이 끝나자 은서 언니가 입을 열었어요.

"그러니까 정조가 정적의 우두머리를 포섭해 반대파 사람들의 움직임을 좌우하고 있었던 거네요? 요즘 말로 하자면 공작 정치와 같

은……."

은서 언니의 말이 끝나기도 전에 재윤이가 물었어요.

"공작 정치가 뭔데?"

"공작 정치란 어떤 정치적 현안을 처리하기 위해 미리 함정을 파놓고 그곳으로 정적들을 몰아넣는다거나, 상대방의 약점을 잡아 폭로하겠다고 협박하는 등 무척 부정적인 의미로 쓰이는 정치 용어야."

은서 언니의 대답에 재윤이가 발끈하며 되물었어요.

"그런데 정조가 그런 짓을 했다고?"

이번에는 외삼촌이 서둘러 입을 열었어요. 늘 그랬던 것처럼 은서 언니와 재윤이가 맞부딪치면 곧 감정싸움으로 발전해 아옹다옹할 것이라 여겼기 때문일 거예요.

"편지의 내용을 살펴보면 은서 말대로 공작 정치의 흔적이 아주 없는 것은 아니야. 하지만 당시의 정치적 상황으로 미루어 정조는 여러 정치 세력을 두루 보듬어 함께 나아가는 화합하는 길을 찾으려 했다는 해석이 더 설득력 있게 받아들여지고 있지."

재윤이가 배시시 웃으며 중얼거렸어요.

"그러면 그렇지, 헤헤……."

하지만 은서 언니는 아무렇지도 않다는 듯 되물었어요.

"정조는 탕평책을 추진함과 동시에 장용영이라는 친위 부대를 창설했잖아요. 그래서 정적들이 지레 겁을 먹었던 건 아닐까요?"

"정조는 1784년 아버지 사도세자의 존호를 장헌세자로 바꾼 뒤, 이를 축하하기 위한 과거 시험을 실시해 인재를 뽑았는데 무과에서만 무려 2,000여 명을 합격시켰어. 그런데 하필이면 그 이듬해에 홍복영의 역모 사건이 일어났고, 이에 조정에서는 임금의 안전을 강화하기 위해 새로 합격한 무인들 중심으로 장용위를 설치했지. 약 500여 명으로 구성된 장용위는 훗날 장용영으로 개편되어 왕의 호위를 전담하는 기구가 되었으니, 정적들 입장에서는 충분히 위기감을 느낄 수도 있었을 거야."

"그래서 저는 정조가 대단히 영리한 왕이었다는 생각이 들어요. 아직 어린 나이였음에도 불구하고 양손에 든 당근과 채찍으로 산전수전山戰水戰 다 겪은 노련한 대신들을 주물럭거렸으니 말이에요."

"옳은 얘기다. 게다가 정조는 왕실 도서관이자 학술과 정책을 연구하는 기관인 규장각을 통해 학문 정치를 구현하고자 젊은 인재를 육성하는 한편, 규장각 내의 검서관으로 서얼 신분인 이덕무·유득공·박제가 등을 임명하는 등 파격적인 인사를 단행했어."

재윤이가 박수를 치며 외치듯 말했어요.

"역시 정조는 대단한 임금님이었네요! 능력은 있지만 신분 때문에 나랏일을 할 수 없었던 인재들에게 기회를 주면 누구보다 더 열심히 일했을 테니까요. 또한 기득권을 갖고 있던 예전의 관료들을 긴장시킬 수 있으니 그야말로 일거양득인 셈이잖아요!"

외삼촌이 고개를 끄덕이며 보충 설명을 해 주었어요.

창덕궁 후원 부용지 주변에 세워진 규장각 ⓒ이범수·한국관광공사

"그렇지. 게다가 그들은 모두 북학파를 이끌고 있던 연암 박지원의 제자들로, 새로운 문물을 적극적으로 받아들이는 등 개혁을 통한 나라 발전을 꿈꾸는 인물들이었거든."

"북학파라는 게 뭔데요?"

"북학파는 조선 후기의 실학사상 중에서 청나라의 발달한 문물을 적극적으로 받아들여 나라를 발전시켜야 한다고 주장한 학파를 말해. 그 당시 청나라의 문물은 박제가의《북학의》(청나라의 풍속과 제도를 시찰하고 돌아와 자신의 의견을 덧붙여 쓴 책), 박지원의《열하일기》(청나라 사신을 따라 갔을 때 그곳의 문물을 보고 견문을 넓힌 바를 분야별로 쓴 기행문), 홍대용의《담헌연기》(청나라 연경에 이르는 도중의 풍물, 청나라 사람들과의 문답 등을 쓴 책) 등 기행문을 통해 소개되었는데, 이와 같은 책들을 통해 많은 사람들이 새로운 문물에 대해 알게 되었단다. 북쪽의 청나라 문물을 받아들여야 한다고 주장했기 때문에 북학파, 오랜 세월 천대받던 상업을 중시했으므로 중상학파, 풍요로운 경제를 기반으로 한 행복한 생활을 추구했던 까닭에 이용후생利用厚生학파라고도 불리게 되었지."

"히잉~! 갑자기 어려운 말이 쏟아져 나오네요."

"조금 더 풀어서 설명하자면 '나라 밖에서는 대외 무역을 통해 돈을 벌고, 나라 안에서는

박제가

상업을 활성화해 돈을 많이 벌 수 있게 하자. 또한 청나라에 들어온 서양의 새로운 기술을 배우고 익혀 백성들의 생활을 편리하게 하는 것 역시 나라가 해야 할 일이다. 특히 나라의 근간인 농업은 세금을 얼마나 내게 할 것이냐 하는 문제에 앞서 농기구 개량, 관개시설 확충, 선진 영농기술 도입을 통해 생산력을 증대시키는 것이 우선되어야 한다. 농업 생산량이 증가하면 백성들의 곳간이 풍성해지므로 세금도 늘고 상업이 활발해져 모두가 잘 사는 나라가 될 수 있다.'는 등의 주장을 펼친 학자들을 북학파라 불렀다는 얘기야."

"그러니까 상업을 장려하고 새로운 기술을 받아들이면 부자 나라가 될 수 있다고 생각했던 사람들이 북학파라는 말이네요?"

"그렇지. 특히 사농공상士農工商 사상 때문에 오랜 세월 상인들을 장사치라 부르며 천대했는데, 그와 같은 악습을 바로잡지 않으면 나라 발전을 기대할 수 없다고 여겼단다."

"이제 북학파가 뭔지 알 거 같아요. 이를테면 직업에 귀천을 없애 떳떳하게 장사를 할 수 있도록 하고, 신기술을 받아들여 농사에 적극 활용함으로써 백성들 모두가 잘 사는 나라를 만들자는……."

외삼촌이 재윤이의 머리를 쓰다듬으며 말했어요.

"그래, 바로 그거란다. 하지만 유감스럽게도 이들 북학파에는 나라의 정책을 좌우할 정도로 고위 공직에 오른 인물이 없었어. 북학파를 이끌고 있던 박지원이나 홍대용의 벼슬이 지방 현감이나 부사에 머물 정도였으니, 그들의 주장이 크게 반영될 수 없었던 거야."

"아쉽네요. 만약 그 당시 정조의 왕권이 강력하게 뿌리를 내린 상황이었더라면 조선의 미래는 크게 달라질 수 있었을 텐데……."

"그러게 말이다. 여하튼 정조는 향촌에 은둔해 있는 인재 발굴에도 큰 관심을 가졌어. 그래서 각 지방별로 향시를 치르게 했고, 그와 관련된 모든 사항들을 정리한《빈흥록》을 펴내기도 했지. 나아가 영남과 호남 출신 인재를 끌어들이기 위해《영남인물고》와《호남절의록》(호남 출신의 의적을 수록한 책) 등을 편찬하기도 했단다."

외삼촌의 설명이 끝나자 서연이가 오랜만에 입을 열었어요.

"그런데 정조하면 수원 화성이 함께 떠오르는 건 무슨 까닭일까요? 조선 시대를 통틀어 수원 화성만 건설된 건 아닌데 말이에요."

"우리 서연이가 무척 중요한 이야기를 꺼냈네. 자, 그러면 우리 음료수 한 잔씩 마시고 나서 정조와 수원 화성 건설에 대해 알아보도록 할까?"

재윤이가 기다렸다는 듯 외쳤어요.

"저는 화장실부터요! 정조 임금 이야기를 놓칠 수가 없어서 꾹꾹 참느라 하마터면 오줌 쌀 뻔했다고요!"

재윤이는 또 그렇게 웃음바다를 만들어 놓고 줄행랑을 쳤어요.

재미있는 우리 역사, 돋보기로 살펴보기 2
북학파를 이끌었던 실학자, 연암 박지원

박지원은 1737년(영조 13) 한양에서 태어났어요. 어렸을 때는 돈령부(왕실과 종친 관련 업무를 처리하는 관청)지사를 지낸 할아버지 슬하에서 공부했고, 결혼을 한 1752년 이후에는 홍문관 교리를 지낸 처삼촌 이양천에게 문장을 배웠지요.

나아가 20대 후반부터는 실학자이자 과학 사상가로 '지동설'과 '무한 우주론'을 주장하며 사회 계급과 신분 차별을 반대한 홍대용과 친분을 맺으며 서양의 신학문을 접할 수 있었어요. 박지원보다 여섯 살 많은 홍대용은 서장관으로 임명된 작은아버지를 따라 북경을 방문했을 때 사귄 서양의 선교사들과 서신을 주고받을 만큼 개방적인 인물이었지요.

한편, 박지원은 정조가 즉위한 이후 홍국영에 의해 벽파로 몰리면서 신변에 위협이 가해지자 황해도 금천에 있는 연암협이라는 골짜기에 들어가 은거했어요. 연암이라는 호는 그 지명에서 따온 것이지요. 그로부터 3년 후, 박지원은 8촌 형 박명원이 진하사 겸 사은사가 되어 청나라에 갈 때 동행했어요.

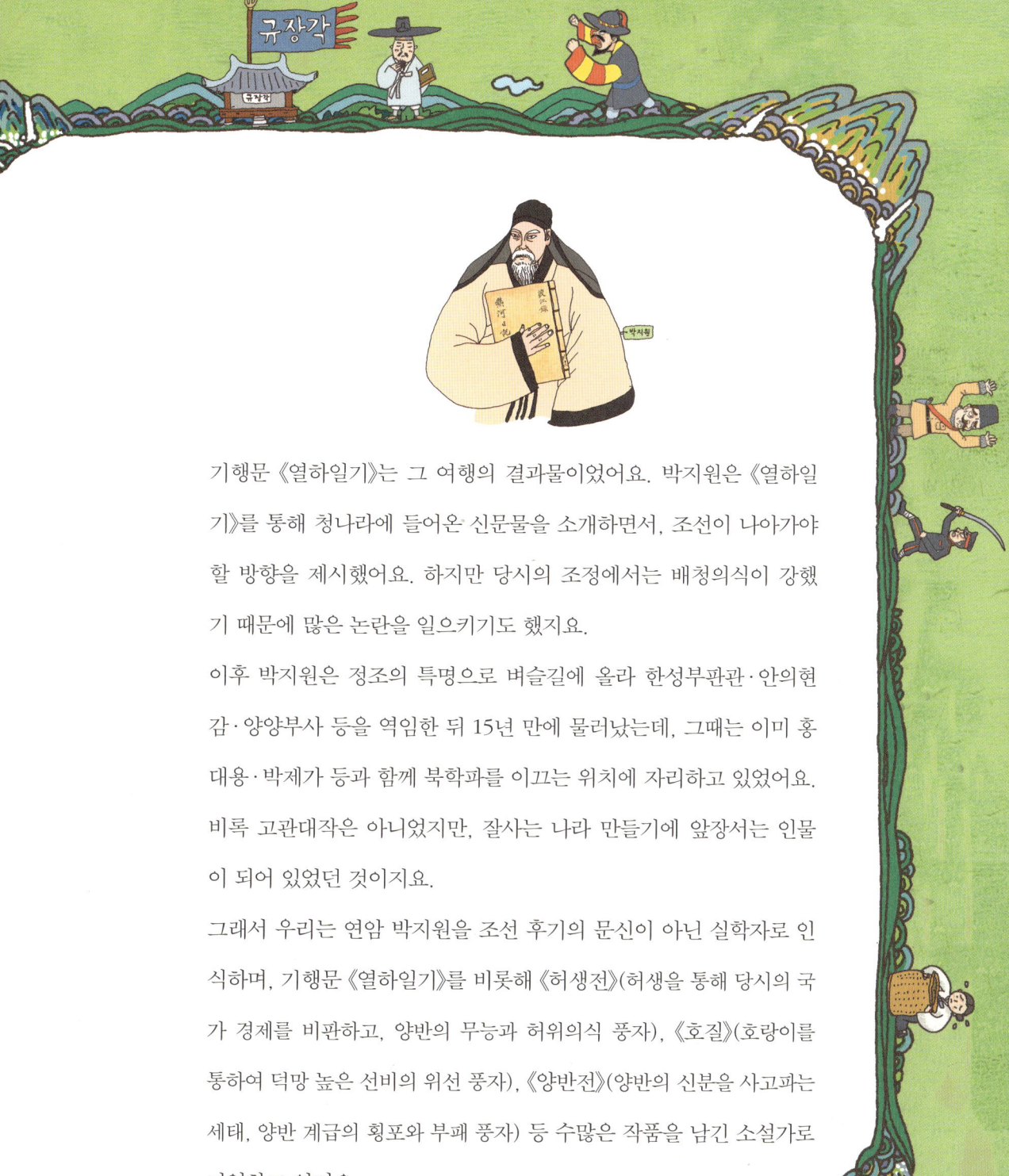

기행문《열하일기》는 그 여행의 결과물이었어요. 박지원은《열하일기》를 통해 청나라에 들어온 신문물을 소개하면서, 조선이 나아가야 할 방향을 제시했어요. 하지만 당시의 조정에서는 배청의식이 강했기 때문에 많은 논란을 일으키기도 했지요.

이후 박지원은 정조의 특명으로 벼슬길에 올라 한성부판관·안의현감·양양부사 등을 역임한 뒤 15년 만에 물러났는데, 그때는 이미 홍대용·박제가 등과 함께 북학파를 이끄는 위치에 자리하고 있었어요. 비록 고관대작은 아니었지만, 잘사는 나라 만들기에 앞장서는 인물이 되어 있었던 것이지요.

그래서 우리는 연암 박지원을 조선 후기의 문신이 아닌 실학자로 인식하며, 기행문《열하일기》를 비롯해《허생전》(허생을 통해 당시의 국가 경제를 비판하고, 양반의 무능과 허위의식 풍자),《호질》(호랑이를 통하여 덕망 높은 선비의 위선 풍자),《양반전》(양반의 신분을 사고파는 세태, 양반 계급의 횡포와 부패 풍자) 등 수많은 작품을 남긴 소설가로 기억하고 있지요.

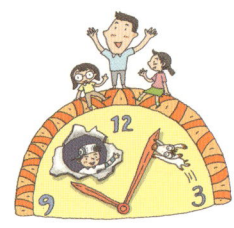

정조의 꿈
-화성 행궁 건설과 성공적 개혁

외삼촌의 설명에 따르면 정조의 개혁은 화성 행궁(임금이 궁궐 밖으로 행차할 때 임시로 머물던 별궁)에 고스란히 드러나 있다고 했어요. 서

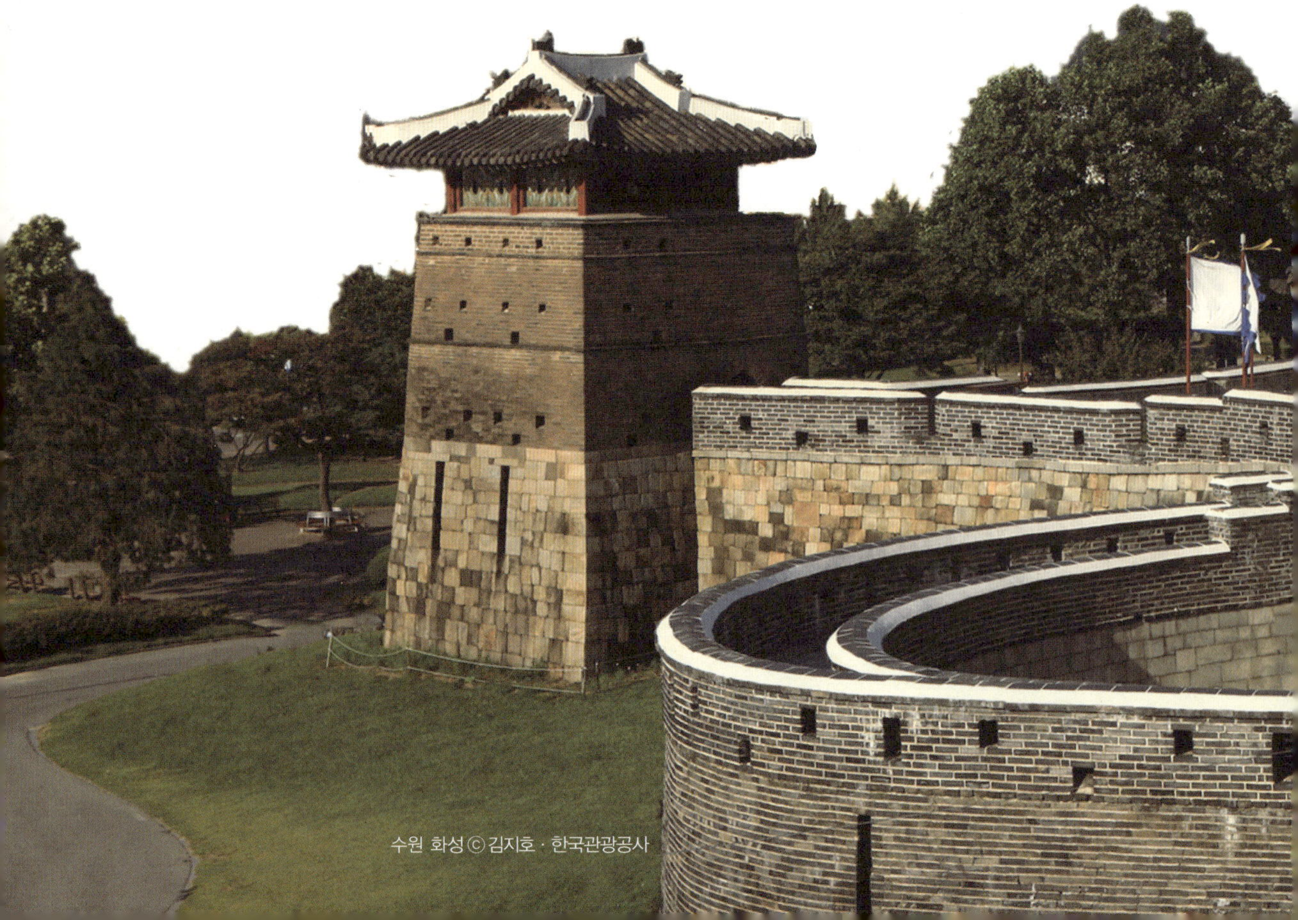
수원 화성 ⓒ 김지호 · 한국관광공사

연이는 사도세자의 무덤 이장을 계기로 건설하게 된 화성 행궁이 정조의 개혁 의지를 어떻게 담고 있다는 얘기인지, 거듭 생각을 정리해 보아도 이해가 되지 않았어요.

"화성 행궁은 조선 시대에 있었던 여러 행궁 중 하나잖아요. 임금의 지시사항을 적어 놓은 조서도 아니고, 자신의 생각을 정리한 책도 아닌 건축물에서 어떻게 정조의 개혁 의지를 확인할 수 있다는 거예요?"

외삼촌이 서연이의 질문을 예상했다는 듯 차분하게 설명해 주었어요.

"화성 행궁 건설을 오늘날의 용어로 표현하자면 '최첨단 신도시 개발'이라고 할 수 있어. 다시 말하자면 단순히 왕이 잠시 머무는 장소로서의 기능을 수행하기 위한 일반 행궁과는 달랐다는 말이지."

"일산이나 분당 신도시처럼 말이에요?"

"인구나 주택 문제를 해소하기 위해 건설한 요즈음의 신도시와는 비교할 바가 아니지. 정조는 화성 행궁을 중심으로 수원 지역을 대단히 선진적인 형태의 자급자족형 신도시로 만들고자 했거든."

"자급자족할 수 있는 신도시라고요?"

"정조는 장기적으로 도성을 옮길 계획까지 세웠던 것으로 알려져 있어. 끝내 실현되지는 못했지만, 당파 싸움을 일삼는 기득권 세력을 정리하기 위해서 그보다 더 파격적인 방법은 없었거든. 그래서 정조는 우선 수원 화성 일대에 나라에서 운영하는 논밭인 둔전을 설치해 식량을 안정적으로 공급할 수 있는 기반을 마련했어. 나아가 그 토지를 효율적으로 경작하기 위해 가뭄을 이겨낼 수 있는 저수지 여러 개를 축조했지. 게다가 둔전 경작은 북학파 학자들이 주장한 개량된 농기구와 선진적인 농업 경영 방식을 적용했단다. 만일의 사태에 대비해 외부와 단절된 상태에서도 오랫동안 견딜 수 있는 자급자족형 신도시를 만들고자 했던 거야."

재윤이가 고개를 끄덕이며 물었어요.

"그런 도시를 만들어 달라고 정약용한테 부탁한 거예요?"

두 눈이 동그랗게 커진 은서 언니가 재윤이를 향했어요.

"어? 네가 정약용을 어떻게 알아?"

자신도 모르는 사이에 재윤이의 약점을 건드린 은서 언니가 재빨리 입을 가렸어요. 하지만 이미 내뱉은 말을 되삼킬 수는 없는 일이었지요. 그런데 재윤이의 반응이 의외네요.

"하여튼 은서 누나는 다 좋은데, 그게 문제야."

"……?"

"누나가 공부도 잘하고 책을 많이 읽어서 엄청 유식한 건 나도 충분히 알고 있고, 그런 누나가 무척 좋아. 하지만 은근히 남을 무시하고 깔보는 잘못된 습관은 고쳐야 한다고 생각해."

당혹스러움으로 얼굴이 발개진 은서 언니가 얼버무렸어요.

"너, 널 무시하려던 게 아닌데……."

"물론 누나가 작정하고 나를 무시하려 든 건 아니었을 거야. 하지만 누나의 그 말 속에는 '넌 정약용을 모르는 게 당연해!'라는 생각이 짙게 깔려 있었어. 자신도 모르는 사이에 그런 말이 튀어나왔다는 사실 자체가 평소 누나 마음속에 '재윤이는 본래 무식한 녀석이야!'라고 여기고 있었다는 증거잖아!"

평소답지 않게 논리적인 재윤이의 말에 은서 언니가 고개를 숙였어요.

"그 말 때문에 기분이 상했다면 정식으로 사과할게. 미안해, 재윤아. 누나가 잘못했다!"

그런데 재윤이의 표정은 여전히 딱딱하게 굳어 있었어요.

"내가 지금 누나한테 사과 받기 위해서 이러는 거 같아?"

"그, 그럼……?"

"나는 아직 저학년이고 동생이니까 잠시 신경질을 내는 걸로 끝날 수 있어. 그런데 다른 사람들도 그럴까? 만약 같은 반 친구가 많은 사람들 앞에서 누나의 자존심을 건드리는 말을 했어. 그랬을 때 누나는 살짝 짜증을 낸 뒤, 금세 아무 일도 없었다는 듯 잊어버릴 수 있겠냐고?"

"……!"

서연이는 처음으로 재윤이가 달라 보였어요. 구구절절 옳은 재윤이의 말을 들으며 어쩔 줄 몰라 하는 은서 언니의 모습 역시 낯설었고요. 그런데 외삼촌은 여전히 강 건너 불구경이네요. 늘 그랬던 것처럼, 갈

등 해소는 당사자끼리 맞부딪치는 게 가장 바람직하다는 생각 때문이 겠지요.

"어쨌든 나는 누나가 공부만 잘하는 게 아니라, 친구들한테 인기 있는 사람이었으면 더 자랑스러울 거 같아. 물론 그런 사람이 되려면 어떻게 해야 하는지는 누나가 더 잘 알겠지만 말이야."

"그래, 노력할게."

"헤헤, 그렇게 되면 누나한테도 곧 남자친구가 생길 거야. 메롱!"

"요 녀석이, 정말!"

역시 재윤이의 재치는 세계 챔피언 감이에요. 은서 언니가 환한 표정으로 재윤이의 꿀밤 때리는 시늉을 하면서, 자칫 어색해질 수도 있는 분

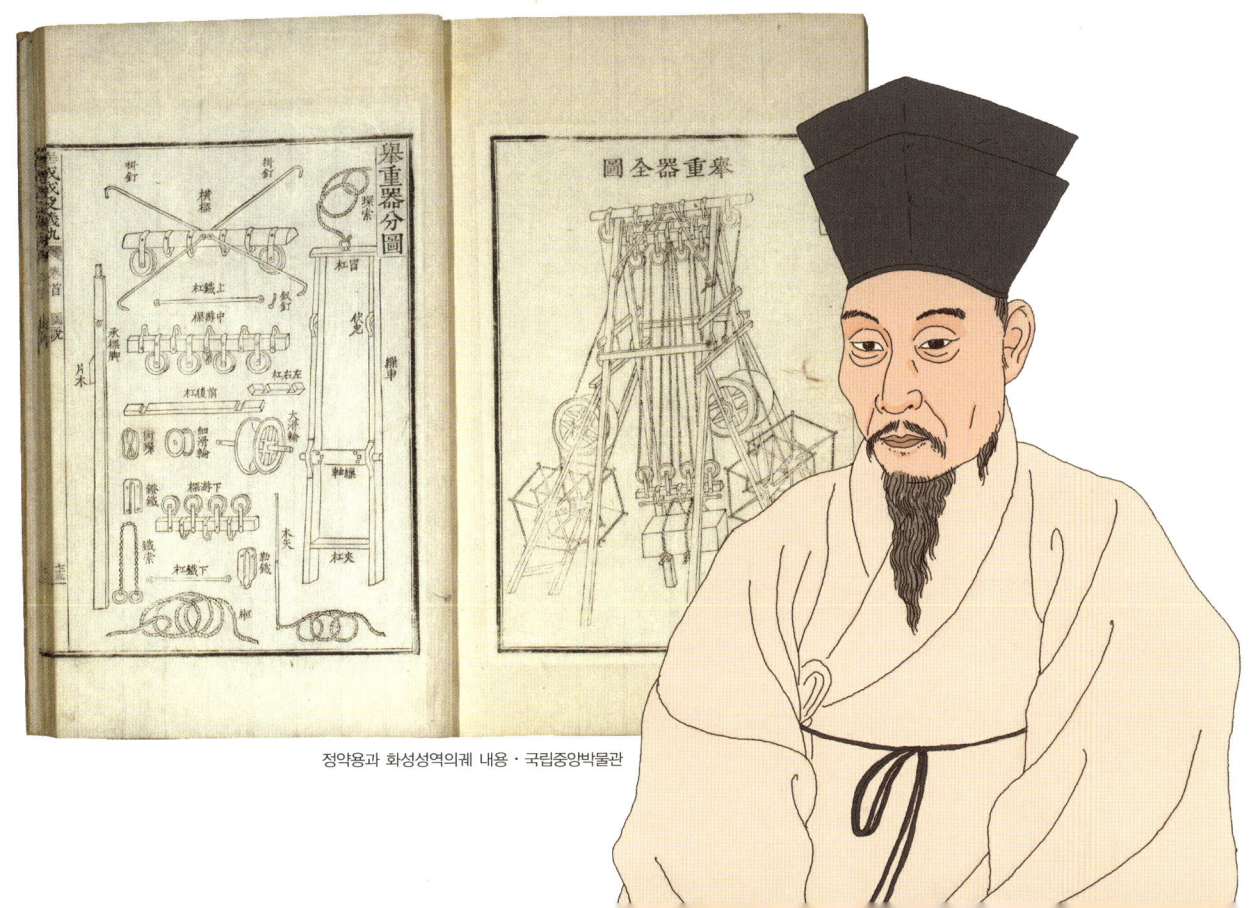

정약용과 화성성역의궤 내용 · 국립중앙박물관

위기가 평상시의 모습으로 돌아왔으니까요.

어쨌든 은서 언니는 괜히 말 한 마디 잘못했다가 완벽한 KO패를 당했어요. 그런 모습을 지켜보면서 묘한 쾌감을 느꼈던 서연이는 속으로 화들짝 놀라며 반성했고요. 자신도 모르는 사이에 그동안 우등생 은서 언니를 살짝 질투하고 있었다는 사실을 알게 되었거든요.

이야기는 그렇게 한참 만에 다시 수원 화성 행궁으로 돌아왔어요.

"정조가 정약용을 불러 어떤 형태의 행궁을 만들어 달라고 지시하거나 부탁을 하지는 않았을 거야. 다만 정약용은 이미 임금이 추구하는 개혁의 방향이 자신을 비롯한 여러 실학자들이 꿈꾸는 모두가 살기 좋은 세상 만들기와 같음을 알고 있었겠지. 따라서 정약용은 전쟁과 같은 비상사태에 사용하기 위한 강화 행궁이나 남한산성 안에 있는 광주부 행궁, 그리고 휴양을 하기 위한 온양 행궁 등과는 전혀 다른 성격을 가진

화성성역의궤·국립중앙박물관

새로운 형태의 행궁을 설계하게 되었어."

"넓게는 화성 행궁을 중심으로 건설될 신도시까지 포함되었겠지요?"

"그럼! 단순하게 행궁을 짓거나 그 주변에 성곽을 쌓는 것 자체가 최종적인 목표는 아니었으니까……."

재윤이는 이미 정조의 열성적인 팬이었어요. 어떤 것에 한 번 꽂히면 물불을 가리지 않는 게 재윤이의 특징이지요. 물론 그 열정이 별로 오래가지 않는다는 단점이 있기는 하지요. 그런 재윤이의 질문이 계속되었어요.

"그런데 수원 화성을 왜 조선 후기 토목건축의 걸작이라고 하는 거예요?"

외삼촌이 빙그레 웃으며 재윤이의 어깨를 토닥여 주며 말했어요.

"우리 재윤이가 정말 많은 것을 알고 있구나."

"얼마 전에 우연히 정약용 위인전을 읽은 적이 있거든요. 비록 만화로 만들어진 책이었지만 말이에요."

"만화가 뭐 어때서? 장하다, 우리 재윤이!"

"헤헤! 장할 것까지야, 뭐……."

"수원 화성은 무엇보다 현지의 자연환경을 최대한 활용했는데, 거기에 예술성을 더해 풍광이 매우 아름다운 행궁으로 알려져 있어. 나아가 과학적이고 경제적인 방법으로 건설되었으며, 심지어 모든 백성이 두루 잘 사는 나라를 만들고자 하는 통치 이념까지 반영되었어. 특히 화성 행궁은 전통적인 동양의 건축 양식으로 지어졌지만, 서양의 건축 방법과 건설 장비를 활용해 완성되었지."

"동양과 서양의 건축 기술이 화성 건설을 통해 만난 거네요!"

"그렇지. 또한 수원 화성 건설에 대한 모든 것을 꼼꼼하게 정리해 놓은 《화성성역의궤》는 세계 건축 역사상 보기 드문 유산으로 남아 있단다."

"거기에 어떤 것들이 기록되어 있는 거예요?"

"화성 건설이 결정된 이후 설계에서부터 시작해 완공에 이르기까지 모든 사항을 기록했는데 임금의 명령, 신하의 건의 및 보고, 군사 배치 규정, 실무자들 사이의 협의 내용, 각 분야 기술자들의 명단, 경비의 예산 및 결산 등은 물론 화성 건설과 관련된 사항은 매우 사소한 것이라도 놓치지 않았어. 예를 들자면 기술자 중에서 석수는 642명이고, 목수는 335명이었는데 이들이 각각 필요로 하는 장비의 명칭과 가격은 물론, 구입 경로까지 세세하게 기록해 놓을 만큼 철저했단다. 이와 같은 기록이 있었기 때문에 일제강점기 때 민족 문화 말살 정책에 의해 소실된 수원 화성을 완벽하게 복원할 수 있었지."

"그렇게 철저하게 진행했으니, 건설 기간도 엄청 길었겠지요?"

서연이의 물음에 외삼촌은 고개를 가로저었어요.

"화성 행궁 설계 책임자로 임명된 정약용은 약 1년이 지난 후 〈성설〉이라는 보고서를 완성해 정조에게 바쳤어. 이 보고서는 화성 행궁의 설계도와 건축 방법, 그리고 새로 조성될 신도시에 대한 밑그림을 자세하게 담고 있었지."

"설계를 하는 데만 1년이 걸렸다고요?"

"이삼 층짜리 건물을 설계하는 데 몇 달이 걸리기도 하는데, 행궁을 포함한 신도시 설계를 1년 만에 끝냈다는 건 오히려 화들짝 놀랄 만큼 빠른 게 아닐까?"

"아, 그런가요?"

"설계도를 본 정조는 매우 흡족해 하면서, 앞으로 10년 후에는 화성 행궁에 머물며 아버지 사도세자를 추모할 수 있겠느냐고 물었다고 해."

"최소 10년 내에 공사를 마무리하라고 은근한 압력을 넣은 거네요!"

"그런데 정약용은 5~6년 정도면 완공할 수 있을 거라고 대답했고,

실제로 공사에 소요된 기간은 겨우 2년 9개월에 불과했단다."

서연이는 놀라지 않을 수 없었어요. 어떤 일을 하든 절대적으로 필요한 시간이라는 게 있으니까요. 아무리 배가 고파도 한꺼번에 한 그릇을 통째로 삼켜 주린 배를 가득 채울 수 없기 때문에, 최소한 대여섯 번은 숟가락질을 할 수 있는 시간이 필요한 것처럼 말이에요.

"공사 기간이 절반의 절반으로 줄어든 셈이네요! 건설 공사는 수많은 공정들이 서로 복잡하게 맞물려 있어서, 완공이 오히려 늦어질 가능성이 훨씬 더 높을 텐데요."

"옳은 얘기다. 수많은 공정 중 어느 한 곳이 늦어지면 그 뒤를 따르는

수원 화성·김지호ⓒ한국관광공사

모든 공정들이 차례대로 연달아 늦어질 수밖에 없는 것이 건설 공사거든. 마치 도미노처럼 말이지."

"그러니까 화성 행궁 건설 기간이 크게 단축된 데는 반드시 그럴만한 이유가 있었던 거죠?"

"기간 단축의 첫 번째 요인은 정약용이 청나라에서 들여온 책들을 참고해 개발한 첨단 기계들 덕분이라고 할 수 있어. 그 대표적인 예가 도르래의 원리를 이용한 거중기야. 수십 명이 한꺼번에 온 힘을 쏟아 부어야 할 중형 냉장고 정도의 크기에 2톤이나 되는 무거운 바윗덩어리를 가볍게 들어 올려 곧바로 원하는 곳까지 옮길 수 있었거든."

도르래의 원리를 이용한 거중기 ⓒ잉어빵@Wikimedia Commons

"두 번째는요?"

"공사 책임자인 영의정 채제공을 비롯해 공사에 참여한 수많은 기술자와 일꾼들의 공로 역시 첨단 기계에 버금갈 만큼 크다고 할 수 있어. 오랫동안 박지원·홍대용·정약용 등 실학자들을 적극적으로 후원해 주었던 영의정 채제공은 건설 공사를 관리·감독하면서, 기술자나 일꾼 등 노동자들의 품삯 지불을 그 무엇보다 중요하게 여겨 단 하루도 밀린 적이 없었거든. 그래서 모두들 내 일처럼 열심히 한 거야."

"그러니까 공사 기간 단축은 정약용의 정확한 설계와 새로 개발한 첨단 기계가 영의정 채제공이 이끌어낸 노동자들의 적극적인 참여를 만나 상승 작용이 일어나면서 기적에 가까운 성과를 내게 된 거네요!"

"결국 모두가 한마음이 되어 일한 결과라고 할 수 있겠지. 그 어느 때보다 기분이 좋아진 정조는 수원 화성 완공 한 달 뒤인 1796년 10월, 축하 잔치를 베풀었어. 오늘날 매년 10월이 되면 수원 지역에서 열리는 정조 임금의 행차 등 다양한 행사도 그 잔치에서 비롯된 거야."

외삼촌의 설명 끝에 재윤이가 외쳤어요.

"이제 정조가 꿈꾸었던 개혁을 완성하는 일만 남은 거네요!"

"그랬지. 하지만 정조의 개혁 정책은 끝내 빛을 볼 수 없었단다."

재윤이가 금방이라도 눈물을 흘릴 듯, 낙담한 표정으로 되물었어요.

"화성 행궁까지 완성했는데, 도대체 무엇 때문에요?"

"정조는 금난전권을 폐지해 나라의 허락을 받지 않은 사람도 상거래를 할 수 있게 하고, 서얼들에 대한 차별을 개선해 나갔으며, 탐관에 대한 감시(암행어사 파견)를 계속하면서 개혁에 속도를 내기 시작했어. 하지만 1800년 6월, 정조는 마흔아홉이라는 젊은 나이에 갑자기 세상을 떠나고 말았단다."

"갑자기라고요?"

"그래서 정조의 죽음에 대한 여러 논란이 생겨났는데, 가장 큰 문제는 그 이후 정조가 추진했던 모든 개혁 정책이 취소되어 본래의 자리로 돌아가고 말았다는 사실이야."

"새로운 나라로 거듭날 수 있는 기회를 놓쳐 버린 거네요."

"그 이후 규장각을 통해 정조가 등용시켰던 젊고 유능한 실학자들은

자리에서 쫓겨났고, 장용영은 해산되었으며, 당파와 같은 세력 중심의 정치·경제·사회적 독점 현상은 그 어느 때보다 심해졌단다."

"히이잉~, 슬프다!"

재윤이가 두 팔을 들어 눈물을 닦아 내는 시늉을 했어요. 비록 눈물을 흘리지는 않았지만, 재윤이는 마음속으로 정말 우는 듯했어요. 서연이는 그런 동생을 보면서 콧등이 시큰해졌어요.

아마도 재윤이는 당분간 정조에 푹 빠져 지낼 거예요. 정조 관련 책은 물론 제 스스로 할 수 있는 모든 자료는 다 끌어모으겠지요. 그러면서 녀석의 마음도 한 뼘쯤 넓어지겠지요?

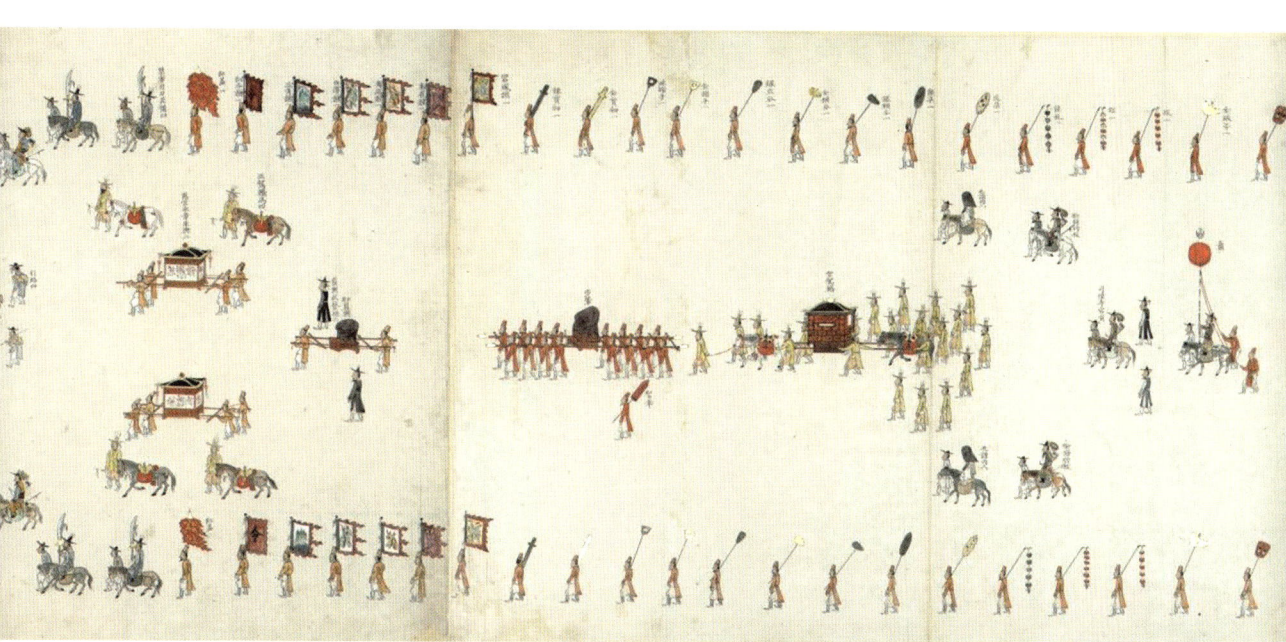

정조의 화성행차 · 국립중앙박물관

재미있는 우리 역사, 돋보기로 살펴보기 3
실학을 집대성한 조선 후기의 지성, 다산 정약용

다산 정약용(1762~1836)은 22세 때 진사시에 합격한 뒤 성균관 등에서 수학하면서 학문적 깊이를 더했어요. 그리고 1789년 실시된 과거에 급제한 이후 관직 생활을 시작해 10여 년이 지난 후에는 정3품 벼슬인 형조참의와 병조참지에 오르게 되지요.

하지만 정약용이 나라의 관리로 어떤 직책을 역임했는지 알고 있는 사람은 거의 없어요. 오직 수많은 저서를 남긴 실학자이자 과학자로만 기억하고 있는 거예요. 그 까닭은 너무나 분명해요. 관료 정약용보다는 학자 정약용의 업적이 훨씬 더 위대한 것이기 때문이지요.

정조가 세상을 떠난 이후 정약용은 각종 사건에 연루되었다는 모함에 시달리다 신유박해 때 포항의 장기곶 부근으로 보내졌다가, 곧이어 터진 황사영 백서 사건(천주교도 황사영이 신유박해의 전말과 그 대책을 베이징의 서양 주교에게 몰래 보내려다가 발각되어 참형을 받은 사건)에 연루되어 전라도 강진 땅으로 옮겨 귀양을 살게 됩니다. 그 이후 풀려날 때까지 무려 18년 동안 강진에 머물렀지요.

그런데 정약용의 학문은 바로 그곳 강진에서 꽃을 피웁니다. 귀양살이 18년은 오로지 학문에만 몰두할 수 있는 시간이었고, 그것을 충분히 소화한 뒤 조선의 실정에 맞게 이론화할 수 있는 여유까지 갖게 된 셈이었거든요.

정약용의 학문은 당대 최고의 지성인답게 정치·경제·사회를 넘나들고 있습니다. '정치 기구의 전면적 개혁과 지방 행정의 쇄신', '농민의 토지 균점과 노동력에 의한 수확의 공평한 분배', '노비제의 폐지' 등 다양한 분야를 아우르고 있지요. 유형원과 이익의 중농주의적 학풍에 박지원과 홍대용 등 북학파의 사상을 더해 조선 후기의 실학을 집대성할 수 있었던 거예요.

다산 정약용은 약 500여 권의 저서를 남겼어요. 세상에 널리 알려진 작품만 해도 《목민심서》(지방 관리들의 부정부패 비판, 지방 행정의 쇄신을 위해 옛 지방 관리들의 잘못된 사례를 들어 백성들을 다스리는 도리 설명), 《경세유표》(정치 제도의 폐해 지적, 부국강병을 위해 제도 개혁의 원리를 제시), 《흠흠신서》(형벌 제도의 개선점과 형벌 시 유의할 점을 적은 형법서), 《마과회통》(홍역에 관한 의학서) 등 열 손가락으로 헤아릴 수 없을 정도랍니다.

다산초당 ⓒ 김지호·한국관광공사

1

개혁과 통합으로
조선의 중흥을
꿈꾼 정조

2
흔들리는 왕권
– 수렴청정과 외척의 발호

중·고등학교 교과서 관련 단원

• 중학교 역사 교과서 :
〈단원 6-4 조선 후기의 정치 변동〉

• 고등학교 한국사 교과서 :
〈단원 3-6 세도 가문의 세상, 삼정도 문란해지다〉

순조의 즉위
-정순왕후의 섭정과 세도 정치

1790년에 태어난 순조에게는 형이 한 명 있었어요. 정조와 의빈 성씨 사이의 소생인 문효세자가 바로 그 주인공인데, 그는 안타깝게도 순조가 세상에 나오기 이전인 1786년 홍역을 앓다가 다섯 살이라는 어린 나이로 세상을 떠나고 말았지요. 따라서 순조의 운명은 태어난 순간부터 조선의 스물세 번째 임금이 될 인물로 결정되어 있었답니다.

그로부터 10년 후, 순조는 아버지 정조의 갑작스러운 죽음으로 왕위를 이어받아 보위에 앉았지만, 아직은 나이가 어려 나랏일을 직접 처리할 수가 없었어요. 그래서 증조할머니이자 영조의 계비였던 대왕대비 정순왕후 김씨가 수렴청정을 하게 되었다고 해요.

대왕대비 정순왕후의 재등장에 고개를 갸웃한 서연이가 물었어요.

"순조한테는 생모 수빈 박씨와 부왕 정조의 정비 효의왕후, 그리고 친할머니 혜경궁 홍씨 등이 있었는데, 왜 하필이면 의붓 증조할머니인

정순왕후가 수렴청정을 하게 된 거예요?"

그런데 외삼촌의 대답은 간단하고 명료했어요.

"왕실에서 가장 웃어른이었거든!"

"그렇기는 하지만……."

"게다가 정순왕후는 정치적인 성향이 매우 강해서, 정조 재위 동안 수세에 몰려있던 벽파의 실질적인 구심점 역할을 하고 있었어."

"아! 그러니까 정조가 승하하자마자 세력을 규합한 벽파가, 왕실의 최고 어른이라는 이유를 앞세워 정순왕후를 강력하게 추대했겠네요?"

"그렇지! 그래서 정순왕후는 대신들의 요청을 어쩔 수 없이 수락하는 형식을 갖추어 수렴청정을 시작한 거야."

"정순왕후는 사도세자와 관계가 무척 껄끄러웠잖아요. 게다가 정조가 세손이 된 이후에도 사사건건 부딪치고는 했기 때문인지, 깊이를 알 수 없는 불길한 예감이 스멀스멀 다가오는 것 같은데요!"

한동안 입을 굳게 다물고 있던 은서 언니가 말했어요.

"본래 긍정적인 예상이 들어맞을 확률은 그다지 높지 않지만, 불길한 예감은 언제나 비껴갈 때가 없다는 말이 있잖니! 마치 그 말을 증명이라도 하듯, 많은 사람들이 걱정했던 일들이 벌어지기 시작했어."

재윤이가 불쑥 물었어요.

"나이 어린 순조를 마구 못살게 한 거야?"

"이제 겨우 열 살 남짓한 아이를 괴롭혀 뭘 얻을 수 있겠니?"

"그렇다면 어떤 일을 한 건데?"

"정순왕후는 수렴청정이 결정된 이후 스스로를 여자 국왕, 그러니까 여주女主 또는 여군女君이라 칭하면서 임금이 가진 모든 권한을 행사하기 시작했어. 나아가 대신들에게 개인적으로 충성 서약을 받아 냈는데, 급기야는 거의 모든 대신들이 공공연하게 자신은 순조가 아닌 정순왕후의 신하임을 밝힐 정도가 되어 버렸어."

"벽파는 그렇다 치더라도, 오랜 세월 정조와 함께했던 시파 소속 대신들의 반발이 만만치 않았을 거 같은데……."

은서 언니가 잠시 머뭇거리자, 외삼촌이 나서서 설명을 이어갔어요.

"정조의 갑작스러운 죽음이라는 충격으로 얼떨떨해 있는 상황이었기 때문에 정신을 차려 전열을 정비할 여유가 전혀 없었거든. 게다가 조선의 최고 권력자가 된 정순왕후가 제일 먼저 한 일은 시파 숙청이었어."

"아……!"

"정순왕후는 정조의 장례 절차가 마무리되자마자 권력의 칼날을 휘둘렀지. 그 첫 번째 희생자인 정조의 이복동생이자 훗날 조선의 스물다섯 번째 임금이 된 강화도령 철종의 할아버지 은언군과, 정조의 외삼촌 홍낙임 등이 형장의 이슬로 사라졌단다."

"그럴수록 더욱 단결해 목소리를 내는 것이……."

"시파에게 숨 쉴 겨를도 주지 않고 신유박해 사건을 일으켰거든."

정순왕후에게 은근한 적개심을 갖고 있던 재윤이의 질문이 이어졌어요.

"신유박해라는 게 뭔데요? 박해라는 말이 들어있는 걸 보니, 어떤 사람들을 엄청나게 못살게 굴었다는 얘기인 것 같은데……."

"신유년(1801)에 일어난 천주교도 박해 사건을 신유박해, 또는 신유사옥이라고 부른단다. 중국을 통해 들어온 천주교는 조선을 지배하고 있는 성리학의 한계에 부딪힌 진보 성향의 지식인과, 부패한 봉건 체제

에 환멸을 느낀 의식 있는 일부 백성들을 중심으로 교세를 확장해 나갔어. 그러던 중 1794년 중국인 신부 주문모가 들어와 조직적인 포교 활동을 펼치며, 천주교도가 1만여 명에 이를 정도였지. 그러자 위기감을 느낀 보수 세력은 천주교를 사교邪敎 혹은 서교西敎라고 부르며, 정조에게 포교 활동 금지를 주장하는 상소를 올리기 시작했단다."

"정조는 분명히 배짱(조금도 굽히지 않고 버티어 나가는 태도)으로 밀고 나갔을 거예요."

"정조는 천주교에 대해 관대했어. 천주교가 간사한 종교라면 스스로 멸망할 것이라면서, 그럴수록 유학 진흥에 힘을 쓰면 되지 않겠느냐고 되물을 정도였거든. 그런데 정조 이후 권력을 잡은 정순왕후는 곧바로 사교를 엄격하게 금지시키는 한편, 그 뿌리를 뽑으라는 명령을 내렸지."

"뭔가 이유가 있었겠지요?"

"표면적으로는 정순왕후는 1801년 음력 1월 10일, '천주교 신자는 인륜을 무너뜨리는 사학邪學을 믿는 사람들로, 인륜을 위협하는 금수禽獸(모든 짐승)와도 같은 자들이니 마음을 돌이켜 개학改學하게 하고, 그래도 개전改悛(행실이나 태도의 잘못을 뉘우치고 마음을 바르게 고쳐먹음)하지 않으면 처벌하라!'는 조서를 내렸지. 여기서 우리는 사신 일행으로 중국을 방문해 일찌감치 서양 문물을 경험한데다, 진보적인 성향이 강한 시파에 천주교도가 많았다는 사실을 주목할 필요가 있어."

"그러니까 실제로는 종교가 아닌 정치 탄압이 목적이었네요!"

"그런 셈이지. 이 사건으로 천주교도이거나 진보적 사상가인 이가환, 권철신, 이승훈, 정약종 등 수백 명이 목숨을 잃거나 유배를 떠났어. 신도들이 당한 피해를 보다 못한 중국 신부 주문모 역시 스스로 의금부를 찾아가 참형을 당했지. 게다가 그로부터 몇 달이 지난 10월에는 신유박해의 참상을 베이징 주교에게 알려 도움을 청하는 내용의 편지가 발각되고 말았어. 이른바 황사영의 백서 사건으로 불리는 이 사건으로 천주교 탄압은 더욱 강화되어 희생자가 무려 400여 명에 이를 정도였단다. 다산 정약용 역시 인척 관계였던 황사영의 백서 사건 때문에 죄가 불어나 유배지가 포항에서 강진으로 옮겨져 18년을 살았던 거야."

"그래서 결국은 벽파 중심의 조정이 구성되었을 테고, 정조가 추진하려 했던 모든 정책들이 백지화되었겠지요?"

"왕의 안전을 책임지고 있었던 장용영은 폐지되었고, 수원 화성과 관련된 모든 계획들 역시 수포로 돌아가고 말았어. 하지만 정순왕후와 벽파의 세상도 3년 만에 막을 내리고 말았지."

"왜요?"

"순조는 아버지 정조가 생전에 미리 결정해 놓은 대로 1802년 10월 영안부원군 김조순의 딸을 왕비로 맞이했는데, 그로부터 1년 2개월이 지난 1803년 12월 은밀하게 힘을 키운 김조순의 측근 세력이 열다섯을 눈앞에 둔 임금의 나이를 앞세워 왕의 친정을 주장하는 바람에 수렴청정을 거둘 수밖에 없었거든."

오랜만에 표정이 밝아진 재윤이가 마음속 희망을 더해 물었어요.

"그 결과 조선은 정상적인 나라로 되돌아왔겠지요?"

하지만 외삼촌은 단호하게 고개를 저었어요.

"그렇게 되었더라면 얼마나 좋았겠니? 물론 정순왕후를 뒤에서 부추긴 몇몇 친정 사람들과 벽파를 주도한 인물들에 대해서는 정조의 유지를 훼손했다는 죄를 묻기는 했어. 나아가 당파의 색채가 많이 엷어지는 듯한 모습을 보였지."

"그렇다면 좋은 일 아닌가요?"

"그 대신 권력의 요직을 김조순과 그의 가문 사람들, 그러니까 안동 김씨 일파가 장악해 버렸어. 김조순·김문순·김희순·김명순·김달순,

그리고 김이익·김이도·김이교 등 조정 대신들의 이름에 들어간 돌림자만 보더라도 어떤 관계인지 짐작을 할 수 있을 정도였지."

재윤이가 황당한 표정을 지으면서 중얼거렸어요.

"헐! 삼촌과 조카, 당숙(아버지의 사촌 형제) 등이 조정에 모여 앉아 집안일 처리하듯 나랏일을 해치워 버렸다는 말인데, 그럴 바에는 차라리 당파 싸움을 계속하는 것이 더 나았을 것 같은데……."

"아무래도 그런 생각이 들지? 넓은 의미에서 당쟁은 민주 정치의 한 형태라고 해석할 수도 있으니 말이다. 다만 그것이 나라나 백성을 위한 당쟁이 아닌, 당파의 이익을 추구하기 위한 당쟁으로 발전해 수많은 문제를 일으키기는 했지만……."

김조순을 중심으로 한 안동 김씨 세력은 조정의 주요 관직을 독점하는 한편, 중앙과 지방의 인사권까지 장악해 국정을 농단(이익이나 권리를 독차지함)하기 시작했어요. 관료가 되기 위해서는 과거에 응시하는 것보다, 안동 김씨 가문에 뇌물을 주는 것이 더 빠르다는 말이 공공연히 떠돌 정도였대요.

그로 인해 조선은 과거 시험 제도가 문란해져 양반 관료 체제가 서서히 균열되었고, 돈으로 벼슬을 산 탐관오리의 수탈로 인해 나라의 조세 체계까지 붕괴의 조짐을 보였다고 하네요. 그 결과 전정(토지세)·군포(국방세)·환곡(빈민 구제 제도) 등 이른바 '삼정三政의 문란'으로 인해 나라가 통째로 흔들리기 시작했답니다.

마음이 답답해진 서연이가 질문했어요.

"아무리 어린 나이였다고는 해도, 나라가 그 지경이 될 때까지 순조는 그저 바라보고만 있었던 거예요?"

곧이어 은서 언니가 입을 열었어요.

"기껏 한다는 게 세자를 일찌감치 장가를 보내 세자빈의 가문인 풍양 조씨 몇몇을 중용하고, 아직 스무 살도 넘지 않은 효명세자에게 대리청정을 맡겨 변화를 주려 했던 게 전부였어. 나라를 제대로 이끌어 나가기 위한 적극적인 시도는 전혀 하지 않았다는 말이지. 따라서 내 생각에 순조는 착하고 좋은 사람이었을지는 모르지만, 한 나라를 이끌어 갈 임금으로서의 능력은 크게 부족했던 인물이었던 거 같아."

"아무리 그렇더라도, 조금 지나친 말 아니야?"

"초기에는 나이가 어렸으니 이해할 수 있어. 하지만 순조는 서른이 넘고 마흔을 넘겨 무려 34년 동안 보위에 앉아 있었잖아! 그런데 끝까지 신하들에게 휘둘리기만 했을 뿐, 단 한 번도 자신의 뜻을 펼치지 못했어. 결과적으로 임금으로서 갖추어야 할 자질이나 능력이 전혀 없었다는 얘기지."

"흐음, 듣고 보니 그렇기는 하네."

서연이는 고개를 끄덕였어요. 말없이 은서 언니의 이야기에 집중하고 있던 재윤이 역시 공감하는 듯한 표정이었고요. 여하튼 능력 없는 임금 때문에 백성들만 힘들었을 거예요. 1809년의 대기근은 물론, 1811년의 홍경래의 난까지 온몸으로 버텨 내야 했으니까요.

재미있는 우리 역사, 돋보기로 살펴보기 4

바닷가에 나타난 이상한 모양의 배, 이양선

일찌감치 유럽과 교류하고 있었던 청나라와는 달리, 조선은 서방 세계에 대한 정보가 거의 없었어요. 그나마 정조가 재위하던 시절 북학파 출신 학자들이 두루 등용되면서 청나라에 들어온 서양 서적을 참조(참고로 비교하고 대조하여 봄)하는 정도가 전부이다시피 했지요.

하지만 순조가 즉위한 이후 조선 해안에 이양선(배의 모양새가 조선의 배와는 전혀 다른 모습이었기 때문에 붙여진 명칭)이 나타나기 시작했답니다. 그때까지만 해도 조선은 이양선이 나타나면 최대한 빨리 먼 바다로 내보낸 뒤, 그 기록을 청나라에 보고하는 것이 기본적인 대처 방안이었어요.

순조실록에 이양선 출몰에 대해 다음과 같은 기록이 있답니다.

'1816년 7월 19일에 충청도 마량진 갈곶 부근에 영국의 이양선이 나타났다. 그 지방의 관리들이 이양선의 낯선 사람들과 만나 말이나 글자로 대화를 시도했지만 통하지 않았다.'

또한 1832년 7월 22일에는 이양선 로드 애머스트(Lord Amherst) 호가 충남 보령의 고대도 부근에 나타났어요. 훗날 밝혀진 바에 따르면

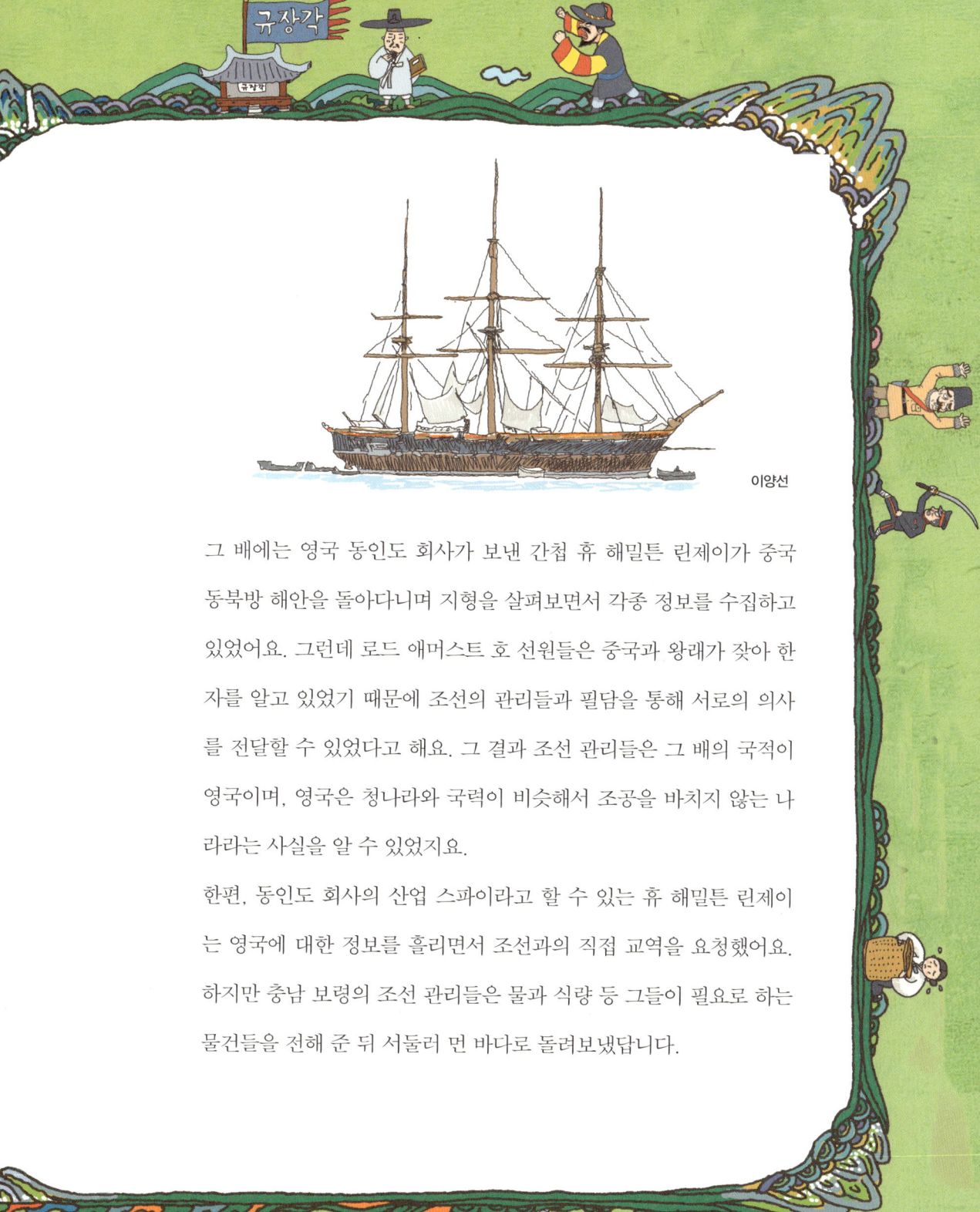
이양선

그 배에는 영국 동인도 회사가 보낸 간첩 휴 해밀튼 린제이가 중국 동북방 해안을 돌아다니며 지형을 살펴보면서 각종 정보를 수집하고 있었어요. 그런데 로드 애머스트 호 선원들은 중국과 왕래가 잦아 한자를 알고 있었기 때문에 조선의 관리들과 필담을 통해 서로의 의사를 전달할 수 있었다고 해요. 그 결과 조선 관리들은 그 배의 국적이 영국이며, 영국은 청나라와 국력이 비슷해서 조공을 바치지 않는 나라라는 사실을 알 수 있었지요.

한편, 동인도 회사의 산업 스파이라고 할 수 있는 휴 해밀튼 린제이는 영국에 대한 정보를 흘리면서 조선과의 직접 교역을 요청했어요. 하지만 충남 보령의 조선 관리들은 물과 식량 등 그들이 필요로 하는 물건들을 전해 준 뒤 서둘러 먼 바다로 돌려보냈답니다.

홍경래의 난으로 드러난 백성들의 마음

홍경래의 난은 청나라와의 국경과 가까운 평안도 지방에서 시작된 반란이에요. 반란은 1811년(순조 11) 12월 18일부터 1812년 4월 19일까지 약 4개월 만에 진압되었는데, 한때 청천강 이북 8개 군을 점령할 만큼 큰 폭발력을 지닌 반란 사건이었지요.

반란이란 본디 전쟁과 다름없이 수많은 사람들의 목숨이 좌우되는 사건이에요. 모두의 예상대로 재윤이가 첫 질문을 했어요.

"홍경래는 어떤 명분을 앞세워 반란을 일으킨 거예요?"

서연이는 속으로 흠칫했어요. 질문의 내용이 예전에 비해 좋아졌기 때문이었지요. 얼마 전까지만 해도 재윤이는 명분이 뭔지도 모르는 녀석이었거든요. 그런데 이제는 명분의 중요성까지 짐작하고 있는 모양이네요. 여론을 좌우할 수 있는 첫 번째 요소가 바로 그것이라는 사실까지 말이에요.

 외삼촌 역시 재윤이의 그런 변화를 느꼈는지, 그 어느 때보다 진지한 표정으로 설명을 시작했어요.
 "홍경래는 스스로를 평서대원수라 칭하면서 안주병사·우후목사·숙천부사·순안현령·평안감사·강서현령·용강현령·삼화부사·함종부사·증산현령·영유현령 등에게 다음과 같이 시작되는 격문을 보냈어."

임진왜란 때는 우리 서북인들에게 재조再造(나라를 다시 일으켜 세우는 일)의 공이 있었고, 정묘호란 때는 양무공襄武公(용골산성에서 오랑캐를 크게 무찌르고 적의 포로가 된 동포 수천 명을 구출한 의병장 정봉수의 시호)과 같은 충신이 있었다. 또한 돈암 선우협과 월포 홍경우와 같은 학자들도 우리 고장 출신이다. 그런데 도성에서는 권문세가의 노비까지 우리 서북인을 평안도 놈이라 부르며 멸시하니 분개하지 않을 수 없다. 나라가 위기에 처했을 때는 서북인의 힘을 빌리면서도, 지난 4백 년 동안 조정은 우리 서북인에게 무엇을 해 주었던가?

지금 나이 어린 임금이 용상에 앉아 있는 까닭에 권신들의 간악한 짓은 날이 갈수록 심해져, 김 모(김조순을 비롯한 안동 김씨), 박 모(박종경을 비롯한 반남 박씨)의 무리가 나라의 권력을 제멋대로 휘두르고 있다. 그래서 어진 하늘이 재앙을 내려 겨울 번개와 지진이 일어나고 바람과 우박이 끊이지 않으며, 급기야는 큰 흉년(1809년의 대기근을 일컬음)을 거듭되게 하는 바람에 수많은 백성들이 배가 고파 죽거나 죽어가는 상황에 이르게 되었다. 이에 평서대원수는……〈하략〉……

서연이는 홍경래가 일으킨 반란의 명분은 서북인에 대한 차별 철폐와 세도 정치 타도를 내세우고 있다고 생각했어요. 나아가 자신을 임금이나 왕이 아닌 평서대원수라 칭하고 있는 사실로 미루어 보았을 때, 역성혁명을 꿈꾼 것도 아닌 듯싶었고요.

그래서인지 외삼촌은 홍경래의 난을 시작으로 전국 각지에서 여러 차례에 걸쳐 농민 봉기가 일어나게 된 원인을 살펴볼 필요가 있다고 말했어요. 그러자 은서 언니는 홍경래의 난이 일어날 즈음의 사회 분위기를 언급했어요.

"우선 조선 후기의 사회 변화를 살펴봐야 할 거 같아요. 이를테면 경제 환경이나 양반과 평민의 비율이 어느 정도 달라졌는지, 그래서 일반 백성들의 삶은 좋아졌는지 나빠졌는지 하는 것들 말이에요."

재윤이는 민생고를 가장 큰 원인으로 여기는 듯했어요.

"우리 가족 모두가 잘 먹고 잘살고 있는데 반란군이 되려는 사람은 없을 거예요. 그러니까 반란이 자주 일어났다는 것은, 많은 백성들이 먹고 사는 문제 때문에 무척 고통스러워했다는 얘기겠지요."

그와 같은 생각들을 모아 외삼촌이 정리해 주었어요.

"두 사람 모두 정확한 포인트를 짚어 주었다. 덧붙여 설명하자면 18세기를 지나면서 조선 사회는 아직껏 경험해 본 적이 없는 커다란 변화와 마주서게 되었어. 도시에서는 상품 경제가 발달하면서 수공업자의 전업화가 이루어지고, 상인들의 활동이 활발해진 만큼 화폐의 사용 또한 크게 늘어나게 되었지. 나아가 개성과 의주를 비롯한 항구나 국경도시에서는 대외 무역을 통해 부를 축적한 신흥 부자가 등장했고, 외국에서 새로운 상품을 들여온 그들과 거래를 하기 위한 상권 다툼 관련 사건·사고 때문에 그 지역 관아의 관원들은 정신을 차릴 수 없을 정도였다고 해."

"상품과 화폐, 경쟁 등 제대로 된 시장이 열리기 시작한 거네요?"

서연이의 말에 외삼촌이 고개를 끄덕이며 설명을 이어갔어요.

"그렇지. 또한 시장 활성화와 함께 부를 축적한 사람들은 농토를 사들여 기존의 봉건 지주와는 다른 형태의 지주로 자리 잡았어. 그런데 이들의 비중이 자꾸만 커지면서 영세 농민들이 설 자리는 더욱 좁아져, 소작농이나 날품(하루하루 품삯을 받고 파는 품)을 파는 일꾼으로 전락하는 사람들이 무척 많았단다."

"그즈음 볍씨를 한데 모아 싹을 틔워 모내기를 하는 이앙법이나, 같은 농지에서 쌀과 보리 등을 계절에 따라 번갈아 경작하는 이모작 등 선진 농업 기술이 들어와 농가 수입에 보탬이 되지 않았나요?"

"새로운 기술 덕분에 농업 생산량은 크게 증가했지. 하지만 소작농의 주머니는 더욱 가벼워져 대다수 농민들의 생활은 날이 갈수록 힘들어졌어."

"생산량이 증가하면 농민들의 몫이 더 많아져야 하는 거 아닌가요?"

"당연히 그렇게 되는 게 정상이지. 그런데 조선의 소작 분할 비율은 세월이 흐를수록 지주의 몫이 늘어나더니, 18세기에 이르러서는 병작반수제(소작인이 지주에게 소작료로 수확량의 절반을 세금으로 냄)가 자리를 잡아 뿌리를 내리는 바람에 수확량의 절반을 지주에게 바쳐야 했거든. 게다가 농사를 짓는 데 필요한 모든 경비를 소작인이 혼자 부담했으므로, 수확량이 늘어 일손이 더해질수록 소작농의 몫은 줄어드는 이상한 현상이 벌어지고는 했던 거야."

논갈이, 〈단원 풍속도첩〉·국립중앙박물관

"결국 내 소유의 농토가 없는 대부분의 농민들은 아무리 열심히 일해도 주린 배를 채우기조차 어려웠다는 거네요? 그래서 반란군이 되어 세상을 뒤집어 보려는 사람들이 많아졌고요."

서연이는 심장 한구석이 심하게 아려오는 듯한 통증을 느꼈어요. 주린 배를 채우기 위해 반란군이 된 농부들과, 반란을 진압하기 위해 달려드는 관군의 목숨을 건 전투! 하지만 그들은 불과 얼마 전까지만 해도 울타리를 마주한 이웃이자 일가친척들이었잖아요.

"홍경래도 그런 농부들 중 한 사람이었던 거예요?"

재윤이의 질문과 함께 이야기는 다시 홍경래의 난으로 되돌아왔어요.

"1771년 평안도 용강에서 태어난 홍경래의 출신에 대해서는 아직까지 밝혀진 것이 없어. 다만 1798년 생원과 진사를 뽑는 사마시에 응시해 낙방한 사실로 미루어 몰락한 양반가의 후손이었으며, 상당한 수준의 지식인이었을 것으로 추측하고 있단다."

"삼정의 문란으로 인한 엄청난 세금과 지주들의 끝없는 욕심 때문에 소작농으로 전락한 농부는 아니었네요?"

"그래봐야 크게 다를 거 없는 처지였지. 여하튼 과거 시험에 떨어진 홍경래는 아예 벼슬을 포기한 뒤, 평안도 일대를 돌아다니며 훈장 노릇으로 끼니를 때우는 힘겨운 몇 해를 보냈어. 그 과정에서 홍경래는 출신 성분이 귀족이면 일자무식이라도 급제를 하는 썩어빠진 과거 제도, 안동 김씨의 세도 정치, 그리고 삼정의 문란 등으로 고통 받는 가난한 농민들의 비참한 현실을 직접 체험하게 되었단다."

"그래서 세상을 뒤집어엎겠다는 결심을 한 거예요?"

"처음부터 그런 생각을 하지는 못했겠지. 그러나 비슷한 생각을 가진 사람들을 만나 답답한 마음을 털어놓다 보니 더 많은 동지들이 모이게 되었을 테고, 그러다 보니 규모가 커져 보다 구체적이면서도 큰 꿈을 꾸게 되었을 거야."

"홍경래가 뜻이 통하는 조력자를 얻었다는 얘기네요."

"홍경래가 가산 고을에 머무르고 있을 때 우연히 우군칙이라는 인물을 만나게 되었어. 우군칙은 대단히 영특한 인물이었지만 첩실의 아들

이라는 신분적 한계 때문에 부잣집을 드나들며 집터나 묏자리를 봐주는 풍수를 생업으로 하고 있었지."

"두 사람은 곧 한마음이 되었고, 죄 없는 백성들이 고통 받지 않는 새로운 세상을 만들기 위한 계획을 세우기 시작했겠지요?"

"홍경래와 우군칙은 결코 서두르지 않고 주변의 인물들을 한 사람씩 포섭해 나갔어. 그 첫 번째 대상은 이미 우군칙과 안면이 있는 신흥 부자들이었지. 청나라와 국경이 가까워 장사로 많은 돈을 벌었지만 신분의 벽 때문에 양반들에게 여전히 천대를 받고 있었기에 기득권 세력에 대한 불만이 무척 컸거든."

"게다가 그들과 한편이 되면 재정적인 문제도 해결될 수 있잖아요!"

"물론 그 부분도 크게 작용을 했을 거야. 훗날 돈이 있어야 병사들을 먹여가며 훈련을 시킬 수 있을 테니까……."

"두 번째 포섭 대상은 어떤 사람들이었어요?"

"벼슬길에 오르지 못한 양반들 역시 불만이 많았어. 당쟁과 세도 정치가 낳은 과거 제도의 부패에 지역 차별까지 더해져 평안도의 양반 지식층은 아무리 능력이 뛰어나다 할지라도 중앙으로 진출할 가능성이 거의 없었거든."

"그런데 몇몇 부자와 양반들만으로 반란군을 구성할 수는 없잖아요?"

재윤이의 질문이 꼬리에 꼬리를 물고 이어졌어요. 녀석의 성향으로 보아 홍경래의 난이 진압될 때까지 질문은 아마도 계속될 거예요.

"물론 그렇지. 하지만 반란에 참여해 직접 전투에 나설 병사들을 모으는 건 제일 나중에 해야 할 일이야."

"제일 먼저 사람이 있어야 하지 않나요?"

"모든 부대원의 의식주를 해결할 비용, 말을 포함한 각종 무기 구입, 사람들에게 들키지 않고 훈련할 은밀한 장소, 군사 훈련 전문 교관, 지휘 체제 정비 등 아무것도 마련된 건 없는데 병사들만 있으면 뭐해?"

"그, 그런가요?"

"목표를 정한 홍경래와 우군칙은 진사 김창시를 비롯한 일부 양반 세력을 포섭하는 데 성공했고, 정주 부호 이침·김석하, 안주 부자 나대곤, 송도 갑부 박광유·홍용서 등을 끌어들였으며, 인근 고을에서 최고의 힘꾼으로 널리 알려진 장사 홍총각과 이제초 등도 합류시켰어."

"대부분의 사람들이 협조적이었던 모양이네요?"

"많은 사람들의 목숨이 달린 일이니만큼, 처음부터 조정이나 권력자들에게 불만이 많은 사람들을 대상으로 정해 설득에 나섰으니 가능한 일이었지."

"아, 그러네요."

"자금이 들어오고 지휘부가 구성되자 홍경래는 가산 고을 동북쪽 깊은 산골 다복동에 비밀 군사 기지를 세웠어. 그리고 주변 사람들에게 다복동에서 금광을 찾기 위한 공사를 시작했다고 소문을 낸 뒤 장정들을 하나둘씩 불러들였단다."

"드디어 군사를 모으는 단계가 된 거네요!"

"그렇지. 기지 내에서는 군사 훈련을 하는 동안, 홍경래와 우군칙은 철산의 정경행, 선천의 유문제 등 청천강 이북에 있는 여러 고을의 명망가와 관청의 행정 실무자들을 포섭하는 데 성공했어. 봉기군이 다가오면 성문을 열어 맞아들이는 한편, 관군과의 충돌을 최소화해 무고한 백성들이 다치지 않도록 만전의 조치를 취해 놓았던 거야."

"그렇게 만들기까지 상당한 시간이 걸렸겠는데요?"

"홍경래가 우군칙을 만난 게 1799년 무렵이었으니, 무려 10년을 훌쩍 넘긴 세월 동안 반란 준비를 했던 셈이지."

"헐! 반란 준비를 10년이나……!"

한편, 1809년을 전후한 시기에 지진과 해일, 여름 우박, 폭우에 이은 홍수 등 온갖 자연재해가 조선 반도를 휩쓸어 흉년으로 인한 대기근 사

태가 벌어졌어요. 그러지 않아도 헤아릴 수 없이 많은 백성들이 굶주린 탓에 온몸이 퉁퉁 부어오르는 부황浮黃 병에 걸려 있는데, 거듭된 자연재해에 대기근이 겹치자 민심은 그야말로 흉흉함을 넘어서고 있었지요.

외삼촌은 홍경래가 봉기를 선언할 당시의 상황을 들려주었어요.

"홍경래는 우선 인근 고을의 궁민, 그러니까 먹을 것이 없어 굶주리며 거리를 떠돌고 있는 백성들을 불러 모아 주린 배를 채워 주었어. 그러자 가난한 사람들에게 음식을 챙겨 주는 홍경래와 봉기군에 대한 소문이 삽시간에 널리 퍼졌고, 아직 힘이 남아 있는 젊은 장정들은 너 나 할 것 없이 봉기군이 되겠다며 몰려들었단다."

"그래서 주변 고을 관아에 격문을 보내고 봉기를 한 거예요?"

"1811년 12월 18일 자정 무렵, 봉기군 선발대가 가산 군청을 습격해 군수를 처형한 뒤 군청을 접수하면서 홍경래의 난이 시작되었어. 미리 포섭한 고을 행정 담당자의 도움으로 순식간에 군청을 장악한 뒤 인근 고을의 수령들에게 격문을 보내고 군사를 움직였지."

"도성이 있는 남쪽을 향해 진군했겠지요?"

"부대를 둘로 나누어 남북 방향을 동시에 공략했단다. 스스로 평서대원수가 된 홍경래는 본대를 지휘해 남쪽으로 진격하고, 부원수 김사용은 북쪽인 의주 방면으로 향했어. 우군칙과 김창시는 두 부대의 책사를 맡았고, 홍총각과 이제초는 각각 본대와 북진군의 선봉장이 되었지."

"흐음, 힘을 집중하는 게 유리할 텐데……."

재윤이가 마치 전쟁 전문가라도 되는 양 중얼거렸어요. 그러자 외삼

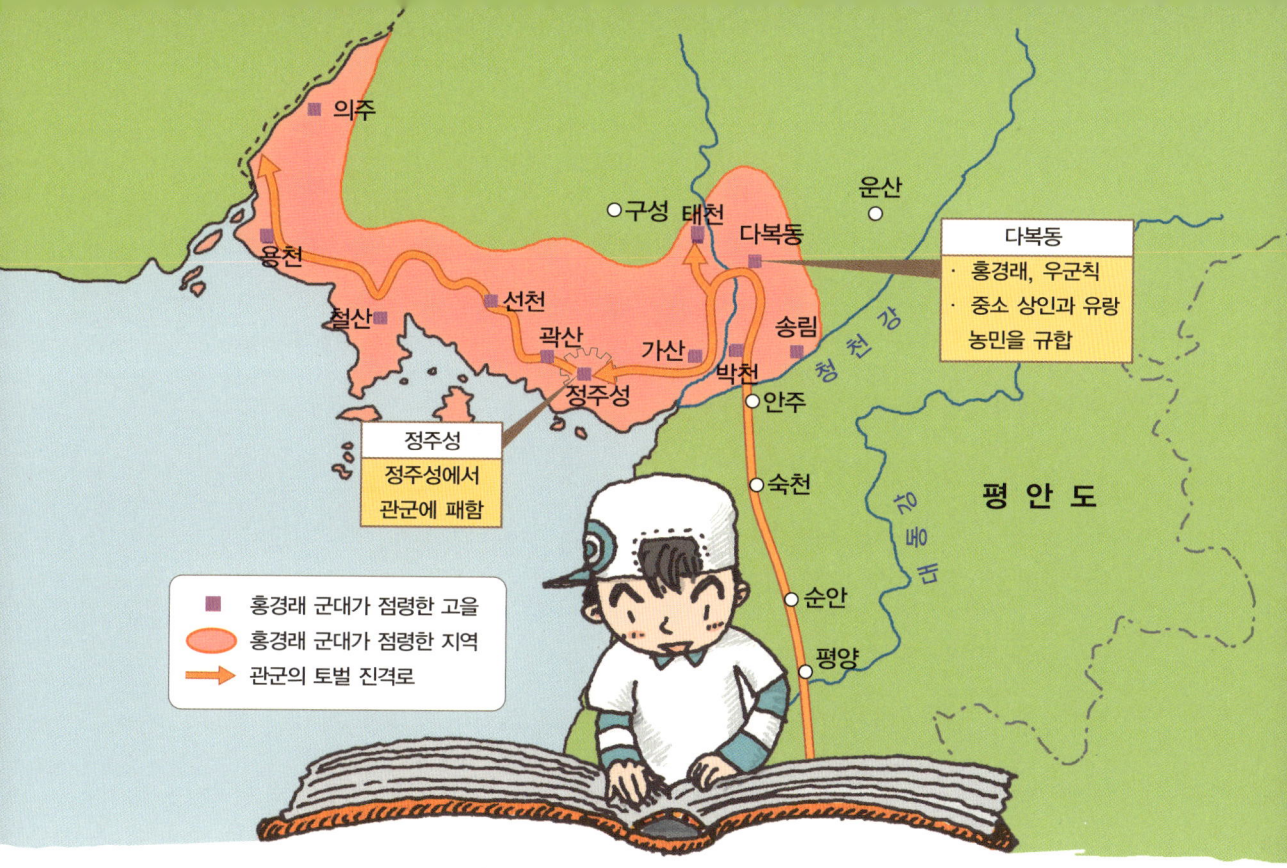

촌이 씨익 웃으며 봉기 초반의 양상을 설명해 주었어요.

"홍경래의 본대는 가산군과 인접한 고을인 박천과 태천을 손쉽게 점령했고, 김사용의 북진군 역시 곽산과 정주를 점령한 뒤 곧바로 선천과 철산까지 수중에 넣었단다. 게다가 봉기한 지 보름이 지난 1812년 1월 3일에는 중국 땅 단둥(중국 요동반도에 있는 도시)을 마주하고 있는 용천을 점령해, 북방의 요충지라고 할 수 있는 의주를 위협하기에 이르렀어."

"말 그대로 속전속결이었네요!"

"백성들의 적극적인 호응과 일찌감치 포섭한 내응(적의 내부에서 몰래 통하는 아군) 세력이 있었기 때문에 가능한 일이었지. 이처럼 봉기군의 수중에 들어온 고을은 그 지방의 명망가를 끌어들여 유진장이라는 벼슬을 주면서 수령을 대신하게 했어. 나아가 기존의 행정 체계와 관속(지방 관아의 아전과 하인)을 그대로 운용해 군졸을 징발하고, 군량과 군비를 조달하게 했지."

"그 기세가 계속되었더라면 엄청난 일이 벌어졌을 텐데……."

"홍경래가 이끌고 있던 본대의 일차적인 목표는 관군의 병영이 있는 안주를 손에 넣는 것이었어. 그러기 위해서는 안주 동북방의 영변을 점령해야 했는데, 하필이면 그곳의 내응 세력이 발각되는 바람에 관군의 경계가 삼엄해져 예기치 않은 시간을 소모하게 되어 계획에 커다란 차질을 빚게 되었단다."

더 이상 안주 공격을 늦출 수 없었던 봉기군 본대는 어쩔 수 없이 박천 고을 송림리에 집결했답니다. 하지만 관군의 평안도 병마절도사 이해우와 목사 조종영이 봉기군을 공격하기 시작했고, 곽산 군수 이영식까지 원군을 보내는 바람에 크게 패한 홍경래의 본대는 정주성으로 들어가 농성을 할 수밖에 없었다고 하네요.

게다가 엎친 데 덮친 격으로 김사용의 북진군 역시 의주의 민병대와 관군의 연합 공격에 결정적인 패배를 당하는 바람에 부대를 해산할 수밖에 없었답니다. 그래서 병졸들은 관군을 피해 산속으로 도망가고, 지휘부를 구성하고 있던 주요 인물들만 정주성으로 들어가 본대와 합류했대요.

"승승장구하던 봉기군이 불과 며칠 만에 처참한 신세가 되어 버렸네요!"

"비록 10여 년을 준비했다고는 하지만, 완벽한 체계를 갖춘 관군과 같을 수는 없었겠지. 게다가 시간이 흐르면서 전열을 정비한 관군이 사방에서 모여들고 있었으니, 결과를 확인해 볼 필요조차 없는 상황이 되어 버렸어."

"봉기군이 더욱 속도를 내 반란 소식이 도성에 알려지기 전에 전략적 요충지인 북쪽의 의주와 남쪽의 안주를 점령해 버렸더라면 상황은 크게 달라졌겠지요?"

"반란의 규모나 기간에 상당한 변화가 있었겠지. 하지만 우리 역사상 지방에서 일어난 반란이 성공한 예는 없었다는 사실 또한 깊이 생각해 볼 필요가 있지 않을까?"

"아, 그런가요? 그러니까 결국 진압될 가능성이 대단히 높았다는……."

"홍경래를 비롯한 수뇌부가 정주성에 모여 농성에 들어가자, 조정에서는 병조참판 정만석을 양서위무사 겸 감진사로 임명해 반란지 백성들의 마음을 다독이는 한편, 이요헌을 양서순무사에 임명하고 박기풍을 중군으로 삼아 반란군 토벌에 대한 본격적인 작전에 돌입했어. 관군 토벌대가 정주성 아래 도착해 압박을 가하기 시작한 거야."

"봉기군은 꼼짝도 하지 않았고요?"

"아니, 몇 차례 밖으로 나와 관군들과 전투를 벌였지만 포위망을 뚫을 수가 없었지. 그러니 성문을 굳게 닫은 채 관군의 포위를 뚫을 방법 찾기에 골몰할 수밖에 없었지."

"관군 역시 완전 소탕 작전을 고민하고 있었을 테고요."

"그때 결정된 관군의 작전은 땅굴파기였단다."

"땅굴을 엄청 넓게 파서 관군을 성 안으로 들여보낸다고요?"

"좁다란 땅굴을 성문 아래까지만 파면 되었어. 그 땅굴 속에 채워 넣은 폭약을 터뜨려 성문이 무너지자, 사방에서 튀어나온 수많은 관군들이 성안으로 들어가 봉기군을 제압해 버렸거든."

재윤이가 나지막한 신음을 내뱉었어요.
"아!"

재윤이는 은근히 나라에 반기를 든 봉기군을 편들고 있었어요. 능력 없이 우유부단했던 임금 순조에 대한 원망과 나라를 엉망으로 만든 세도가들에 대한 미운 감정

때문이었겠지요.

"거병 이후 20여 일은 승승장구했지만, 홍경래의 본대가 송림리 전투에서 대패한 뒤 정주성으로 들어가 농성을 하게 되었고, 그로부터 100여 일이 지난 1812년 4월 19일, 홍경래의 난은 마침표를 찍고 말았던 거야."

"모두들 관군한테 붙잡힐 수밖에 없었을 텐데……."

"홍경래는 끝까지 저항하다 총에 맞아 죽었고, 우군칙과 홍총각 등 대부분의 주동자들은 포로가 되어 한양으로 압송된 뒤 처형되었어. 또한 그때 정주성에서는 2,983명이 체포되었는데, 그중에서 부녀자 842명과 열 살 이하의 남자 아이 224명을 제외한 1,917명 역시 목숨을 잃었단다."

홍경래의 난은 그렇게 실패하고 말았어요. 그러나 홍경래 난으로 인한 여파가 전국적으로 확산되면서 조정은 흔들리는 백성들의 마음을 다독여 줄 수 없을 지경에 이르렀답니다. 그 이후 곳곳에서 일어난 여러 차례의 농민 봉기가 당시의 부패한 조정을 대변하고 있는 셈이지요.

재미있는 우리 역사, 돋보기로 살펴보기 5
홍경래의 난이 실패한 원인은 무엇이었을까?

홍경래의 난은 무려 10여 년에 이르는 준비를 통해 실행에 옮겨졌어요. 오랜 준비 기간에 걸맞게 인근 여러 고을 관아의 실무자들까지 포섭하는 등, 지식인과 부호 및 관료들까지 포함된 대규모 반란이었지요.

하지만 반란은 120여 일 만에 진압되고 말았는데, 그중에서 반란군이 승승장구한 기간은 불과 20여 일에 불과해요. 나머지 100여 일은 정주성에 포위되어 농성을 한 것이 전부였으니까요.

그렇다면 일반 백성들의 호응까지 얻은 홍경래의 난의 기세는 무엇 때문에 갑자기 잦아들었을까요? 학자들에 따르면 홍경래의 난을 일으킨 주도 세력들이 제각각 다른 목표를 가진 사람들로 구성되어 있었기 때문에 성공할 수 없었다고 합니다.

재정적인 뒷받침을 해 주었던 상인들은 경제적인 이권을 꿈꾸었고, 양반가의 지식인들은 어떻게든 한양으로 진출해 입신양명立身揚名하려는 생각을 갖고 있었으며, 병졸로 참가한 일반 백성들은 주린 배를 채우려는 단순한 목표가 전부였다는 것이지요.

따라서 성공을 거두어 기세가 등등할 때는 아무런 문제도 발생하지 않았지만, 몇 차례 실패를 거듭하면서 반역에 성공할 가능성이 낮아지자 대규모 이탈자가 생겨 전열이 흐트러지고 말았던 거예요. 반란군 최고 지도자인 홍경래를 암살하려고 시도한 사건 역시 그 연장선상에서 벌어진 일이었고요.

그리고 또 하나의 이유는 박종일의 죽음을 들고 있어요. 박종일은 홍경래가 평안도에서 봉기를 하는 즉시 한양에서 난을 일으켜 호응하기로 한 인물이었답니다. 하지만 민심을 선동하는 과정에서 체포되어 대역무도죄(임금이나 나라에 큰 죄를 지어 도리에 크게 어긋난 죄)로 참형당하는 바람에 처음의 계획이 어그러지고 말았지요.

홍경래의 난은 비록 실패하고 말았지만, 백성들의 마음을 어느 정도 알게 된 당시의 위정자들은 아마도 가슴이 철렁 내려앉았을 거예요.

세도 정치에 갇힌 비운의 어린 임금, 헌종

조선의 스물네 번째 임금 헌종은 선왕 순조의 손자에요. 순조 재위 후반에 대리청정까지 했던 효명세자의 아들로, 아버지 효명세자가 21세에 세상을 떠나는 바람에 할아버지로부터 곧바로 보위를 이어받게 되었지요. 마치 영조가 손자 정조에게 왕위를 물려주었던 것처럼 말이에요.

판중추부사를 지낸 권돈인이 남긴 글에 따르면 헌종은 상당히 조숙한데다 영특함까지 갖추었던 모양이에요. 임금에 대한 이야기이므로 과장이 상당히 포함되었겠지만, '태어난 지 백일이 되기 전에 스스로 일어섰으며, 외모가 준수하고 성격은 명랑했으며, 큰 목소리는 마치 금석金石에서 나오는 것 같았다.'고 기록하고 있거든요.

또한 이제 겨우 말을 익히기 시작할 무렵《천자문》중에서 1백여 자를 읽을 정도였다고 해요. 하지만 아버지 효명세자는 거듭해서 여러 번

본 까닭에 눈에 익숙한 탓일 것이라고 여겼지요. 그래도 혹시나 하는 생각에 다른 책을 꺼내 시험을 해 보았답니다.

그런데 《천자문》을 보며 익힌 글자들을 정확하게 알고 있었다고 해요. 그래서 효명세자는 이를 매우 기특해하면서 '글자를 배우고 익히는 성향으로 보아 앞으로 나보다 더 낫겠다.'며 껄껄 웃었다는 기록을 남겨 놓았어요.

외삼촌이 헌종에 대한 설명을 시작했어요.

"헌종은 1834년에 임금이 되었어. 당시의 나이는 여덟 살에 불과했지. 따라서 헌종이 열다섯 살이 되는 1841년까지, 7년 동안 할머니 순원왕후 김씨가 수렴청정을 했어."

"수렴청정의 결과는 늘 좋지 않았던 것 같은데……."

서연이의 중얼거림에 은서 언니가 맞장구를 쳤어요.

"순원왕후의 친정인 안동 김씨 일족이 순조 때부터 수십 년간 세도를 독점해온 데다, 이제 겨우 여덟 살 난 임금이 보위에 앉았으니 네 예상대로 좋아질 가능성은 거의 없다고 봐야지, 뭐!"

그런데 외삼촌의 이야기가 가슴을 더욱 답답하게 만드네요. 마치 물한 모금 없이 삶은 고구마를 연거푸 서너 개 먹은 것처럼 말이에요.

"삼정의 문란으로 인한 민생 파탄 조짐은 이미 순조 때부터 보이기 시작했고, 헌종이 등극한 이후에는 오랜 세월 조선 사회를 지탱해 왔던 신분 질서와 봉건 제도의 붕괴 현상이 곳곳에서 나타나기 시작했지. 게다가 거듭된 자연재해로 인한 흉년에 전염병까지 겹치는 바람에 이곳저곳을 떠돌아다니며 구걸로 연명하는 유민들의 숫자가 크게 늘어났단다."

"어떤 이유로 신분 질서가 갑자기 붕괴되기 시작한 거예요?"

"그즈음 호구 조사 자료를 살펴보면 1760년에 9.2%였던 양반호가 1858년에는 70.3%로 증가한 반면, 53.7%였던 상민호는 28.2%로 감소했어. 또한 37.1%였던 노비 역시 1.5%로 크게 감소했어. 불과 100년도 지나지 않아 신분의 비율이 이처럼 달라졌으니, 신분 제도 자체가 붕괴될 수밖에 없지 않겠니?"

서연이는 도무지 이해가 되지 않았어요. 그러니 계속 물어볼 수밖에요.

"갑자기 백성들의 신분 비율이 변화한 까닭은요?"

"임진왜란이 전 국토를 휩쓸고 지나간 이후 조선의 인구는 1,400만 명에서 1,170만 명으로 230만 명이 줄어들었어. 다시 말하자면 전체 인

구의 16.4%가 임진왜란 때 목숨을 잃은 거야. 그리고 오랜 전쟁으로 토지가 황폐해지자 많은 백성들이 먹고 살 길을 찾아 고향을 떠나게 되었지. 조정에서는 호패법을 시행하면서까지 인구 이동을 막으려 했지만 별다른 효과가 없었단다. 우선 주린 배를 채우는 것이 무엇보다 급했거든. 각 지역의 향촌 사회는 그렇게 무너지거나 재편되기 시작했어. 게다가 임진왜란 당시 군량미 확보를 위해 조정에서 마구 발행한 공명첩이나 납속책이 신분 질서를 와해시키는 원인이 되었지."

"공명첩과 납속책은 뭘 말하는 거예요?"

재윤이의 질문에 은서 언니가 대답해 주었어요.

"공명첩은 나라의 재정이 어려울 때 관청에서 돈이나 곡식을 받고 특전을 부여하는 이름을 적지 않은 백지 임명장이야. 관직이나 관작의 임명장인 공명고신첩, 양역의 면제를 인정하는 공명면역첩, 천민이 양인이 되는 것을 인정하는 공명면천첩, 향리에게 향리의 역을 면제해 주는 공명면향첩 등이 있었어. 여기에는 받는 사람의 이름이 적혀 있지 않아 사사로이 거래가 이루어지기도 했지. 그리고 납속책은 전쟁 때 군량을 보충하거나 흉년이 들었을 때 굶주린 백성을 구제할 목적으로 나라에서 돈이나 곡식을 받고 일정한 특전을 부여한 정책이야. 노비 신분을 해방시키는 납속면천, 양인에게 군역 의무를 면제해 주는 납속면역, 양인이나 양반에게 품계나 관직을 제수하는 납속수직 등이 있었어."

"헐! 돈만 주면 무엇이든 할 수 있었다는 말이네!"

"그러니 신분 질서가 붕괴될 수밖에 없었겠지."

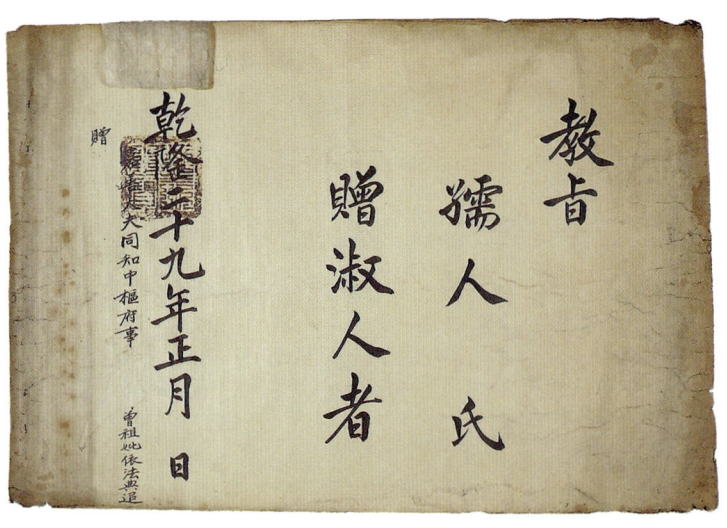

공명첩 · 국립민속박물관

외삼촌은 헌종 재위 기간 중 일어난 두 차례의 모반 사건이 당시의 사회 분위기를 대변하고 있다고 말했어요. 돈만 있으면 누구라도 임금이 될 수 있다고 생각할 만큼 왕의 권위가 땅바닥으로 떨어졌다는 것이지요.

"1836년에는 몰락한 양반가의 후손인 남응중이 남공언 등과 함께 모의해 정조의 동생 은언군의 손자를 임금으로 추대하려는 시도를 했고, 1844년에는 중인 출신 민진용 역시 이원덕 등과 짜고 은언군의 손자를 임금으로 추대하려 했지만 모두 실패하고 말았어. 그런데 특이한 점은 이 모반 사건들이 정치적 세력이 전혀 없는 몰락한 양반이나 중인이었다는 점이야. 다시 말해서 백성들 눈에 임금은 그저 왕대비나 세도가들의 꼭두각시에 불과한 우스운 존재로 보였다는 말이지."

은서 언니가 외삼촌의 설명을 이어받았어요.

"그래도 헌종이 확실하게 한 일은 하나 있는 거 같은데요!"

"그래? 그게 뭘까?"

"기해박해와 병오박해 등 천주교 탄압이요!"

"응? 어, 업적이 아닌 박해······!"

외삼촌의 표정이 묘하게 일그러졌어요. 마치 믿었던 도끼에 발등을 찍혀 억울하기 이를 데 없다는 듯한 표정 말이에요. 그런 외삼촌을 보면서 서연이가 웃음을 참고 있을 때, 아무것도 눈치 채지 못한 재윤이가 유난히 심각한 목소리로 질문했어요.

"당시의 임금이나 조정이 천주교를 탄압한 이유가 뭐예요?"

애써 평정심을 되찾은 외삼촌이 입을 열었어요.

피에르 모방　　　　쟈크 샤스탕　　　　로랑 조제프 마리위스 앵베르

"우선 기해박해와 병오박해부터 살펴볼 필요가 있을 듯하구나. 로마 교황청에서는 헌종이 보위에 오르기 이전인 1831년, 오늘날의 천주교 교구라고 할 수 있는 조선대목구(교황청이 포교지에서 직접 관할하는 교구)를 설정했어. 그리고 헌종이 임금이 된 이후인 1836년에 파리 외방전교회 선교사 피에르 모방 신부(한국 교회 최초의 서양인 천주교 선교사)가 입국했단다. 그리고 몇 달 후 조선교구장 자격으로 파리 외방전교회 로랑 조제프 마리위스 앵베르 주교와 자크 샤스탕이 차례로 입국했지. 이 선교사들은 천주교가 조선에 뿌리를 내리기 위해서는 조선인 성직자가 필요하다고 여겨 김대건·최양업·최방제 등을 마카오에 있는 신학교에 입학시켰어. 그 이후 천주교 신도가 눈에 띄게 증가하는 추세를 보이

자 조정에서 이를 공론에 붙였는데, 아직 수렴청정을 벗어나지 못한 상태이기는 했지만 유교적 성향이 강했던 헌종 역시 천주교 배격에 대해 찬성하는 입장을 보였단다. 그 결과 프랑스 출신 주교와 신부들을 비롯한 천주교 신자 119명이 투옥되거나 처형되었어. 그 사건이 일어난 1839년이 기해년이었기 때문에 기해박해라고 불리게 되었지."

"그렇다면 병오박해는요?"

"그로부터 5년이 흐른 후, 우리나라 교회사 최초의 한국인 천주교 사제가 된 김대건 신부가 입국했어. 앵베르 주교의 순교 이후 조선대목구의 새 주교로 임명된 장조제프 페레올 주교와 프랑스인 신부와 신도들, 그리고 김대건 신부가 라파엘 호를 타고 상하이 항을 떠나 조선으로 입국한 거야. 그 이후 김대건 신부는 국내에서 선교를 펼치는 과정에서, 외국인 선교사가 입국하기 쉬운 뱃길을 그린 지도를 그려 중국 어선에 넘겨주려다가 연평도를 순찰하던 관헌들에게 체포되고 말았어. 그 사건으로 김대건 신부와 천주교 신도 9명은 외국인 선박을 국내로 불러들인 역적으로 간주되어 새남터에서 처형되었단다. 그때가 바로 병오년 1846년 9월 16일이야."

"그러니까 제 생각에는 백성들이 하늘신을 믿든 땅신을 믿든 내버려 둘 일이지, 나라가 무엇 때문에 나서서 죄 없는 사람들을 죽이는 등 이러저런 사건·사고를 만들어 내느냐는 거예요."

외삼촌은 목소리가 높아진 재윤이의 어깨를 다독여 진정시킨 뒤, 조선의 조정이 천주교를 악착같이 배격한 이유 몇 가지에 대해 설명해 주

절두산 천주교 성지에 있는 김대건 안드레아 신부의 동상 ⓒHijin6908@Wikimedia Commons

었어요.

"가장 큰 이유는 아마도 천주교의 평등 사상이었을 거야. 조선은 양반과 평민의 신분적 차별이 확고하게 자리 잡고 있었고, 남존여비 사상(남성의 권리나 지위 등을 여성보다 우위에 두어 존중하고 여성을 천시하는 사상) 역시 무척 완고했어. 그런데 느닷없이 천주교라는 종교가 바다 건너에서 들어와 모든 사람은 다 평등하다면서 수백 년을 지탱해 온 조선 사회를 뿌리째 흔들어 대고 있으니, 권력자들 입장에서는 도저히 받아들일 수가 없었던 거야."

"듣고 보니 그러네요. 어떻게든 양반으로서의 권위와 남성으로서의 우월성을 지키고 싶었을 테니까요."

"그리고 천주교 신자들의 제사 거부가 상당한 영향을 끼쳤을 거야. 우리 동양에서 제사 의식은 사실상 부모님을 비롯한 조상님들께 효를 이행하는 지극히 당연한 행사 중의 하나야. 그런데 서양에서 온 신부들은 제사를 일종의 종교 행위로 잘못 이해한 거야. 그래서 신도들에게 우상 숭배를 해서는 안 된다며 제사를 금지하게 되었지. 결과적으로 인식 차이에 따른 오해가 박해와 탄압으로 이어지는 불씨 중 하나로 작용했던 셈이야."

"서양 사람들이라고 해서 조상을 공경하지 않는 건 아니니까, 어떤 부분에서 오해가 생겨났는지 알 거 같아요."

"그리고 마지막으로는 서양 세력에 대한 거부감과 함께, 붕당 세력들 간의 주도권 쟁탈전 때문에 천주교 박해가 이루어졌다는 점도 무시할 수 없는 사실이야. 정조가 승하한 이후 벽파에 의해 발생한 시파의 대대적인 처형과 숙청이 그 대표적인 예라고 할 수 있지."

재윤이가 고개를 끄덕이며 말했어요.

"여하튼 헌종도 불쌍한 사람이네요. 한창 놀기 좋아할 나이인 여덟 살에 왕위에 올라 할머니와 안동 김씨 세력에 의해 조종당하는 신세가 되었으니 말이에요."

"정치적인 실권은 여전히 순원왕후가 움켜쥐고 있었지만, 열다섯 살 이후 8년 동안은 친정을 했던 기간이었어. 헌종은 친정을 하면서 안동 김씨의 세도를 꺾기 위해 부단한 노력을 기울였지만, 안동 김씨의 세도 정치를 막지는 못했지. 오히려 그 바람에 파도처럼 밀려드는 서구 열강에 대한 대비책만 마련하지 못했단다."

"헌종은 그 엄청난 스트레스를 어떻게 견뎠을까요?"

"헌종은 본래 몸이 건강한 편은 아니었던 모양이야. 그런데 친정 이후로도 모든 것이 뜻대로 되지 않자 술을 마시게 되었고, 그로 인해 건강이 더욱 악화되었다고 해."

"헌종은 알면 알수록 더 불쌍해지는 사람인 거 같아요."

"그래서 헌종은 결국 1849년 7월 25일, 23세를 일기로 세상을 떠나고 말았어. 게다가 헌종에게는 6촌 이내에 드는 왕족조차 없었지. 그래서 하는 수 없이 항렬로 7촌 아저씨뻘인 은원군의 손자 원범을 찾아내 왕위를 잇게 한 거야."

"에효!"

재윤이가 긴 한숨을 내쉬었어요.

왕자로 태어나 수많은 굴곡을 거친 뒤, 나라의 최고 권력자인 임금이 된다는 게 마냥 좋은 일만은 아니라는 생각이 들었던 것이겠지요.

재미있는 우리 역사, 돋보기로 살펴보기 6

시행 350여 년 후, 천주교 탄압에 이용된 오가작통법

조선 시대의 오가작통법이란 다섯 가구를 하나의 통으로 묶어 관리한 호적의 보조 조직이에요. 9대 임금 성종이 재위 중이던 1485년, 재상 한명회의 발의에 의해 채택되어 《경국대전》에 오른 법률이기도 하지요.

오가작통법은 도성과 지방의 운용 형태가 달랐는데, 도성의 한성부에서는 방坊 밑에 오가작통 조직을 두고 다섯 집을 1통으로 구성해 통주統主가 관리하도록 했어요. 여러 통주들은 물론 방의 통제와 감독을 받아야 했지요.

지방 역시 다섯 집을 하나의 통으로 하고, 그 통이 다섯 개가 모이면 1리里라고 불렀어요. 나아가 각각의 리가 모여 면面을 형성하며, 면에 권농관을 두어 백성들의 농사를 지도했답니다.

이와 같은 오가작통법의 시행은 호구를 밝히고 범죄자를 색출하기 위해 만든 행정 단위였어요. 나아가 세금 징수와 부역의 동원에도 활용할 계획이었지요. 하지만 발의자인 한명회가 계획했던 것처럼 원활하게 운영되지는 않았어요. 그래서 1675년(숙종 1)에는 '오가작통법 21조'를 통해 조직을 강화해 보았지만 별다른 성과는 없었지요. 세월이 흐르면서 오가작통법은 호패와 함께 호적의 보조 수단으로 활용되었어요. 이 법으로 역役을 피하기 위해 도망을 다니거나 낯선 곳으로 이사를 하는 등 불법 행위자를 색출하려 한 것이지요. 하지만 삼정의 문란과 함께 유민들이 워낙 많이 발생하는 바람에 유명무실한 법이 되고 말았어요.

그런데 오가작통법이 제 역할을 한 것은 시행 이후 350여 년이 지난 헌종 대에 이르러서였어요. 통으로 엮인 다섯 가구에 대한 연대 책임을 크게 강화해 천주교도를 적발하는 데 활용한 거예요. 그러니까 다섯 가구가 모두 서로를 감시해 천주교도를 찾아 신고하게 하는 방법으로 수많은 천주교 신자들을 잡아들일 수 있었답니다.

2

서구 열강의 등장과 흔들리는 조선왕조

3
진주 농민 봉기, 그리고 동학 운동의 시작

중·고등학교 교과서 관련 단원

• 중학교 역사 교과서 :
〈단원 6-4 조선 후기의 정치 변동〉

• 고등학교 한국사 교과서 :
〈단원 3-7 흥선 대원군, 개혁을 단행하다〉

농사를 짓다 임금이 된 강화도령 철종

　조선의 스물다섯 번째 임금 철종은 강화도령으로 불리던 인물이었다고 해요. 비록 왕족이었지만 강화도에서 농사를 짓고 땔나무를 하며 살고 있었기 때문이라고 하네요. 서연이는 왕족임에도 불구하고 왜 그런 삶을 살아야 했는지 궁금했어요.

　"저는 우선 철종의 혈통부터 정확하게 알고 싶어요. 사촌이 넘어가면 숫자가 하나씩 늘어날 때마다 자꾸만 헷갈려서 계산이 쉽지 않거든요."

　외삼촌이 이해한다는 듯 빙그레 웃으며 설명을 시작했어요.

　"많은 어린이들이 촌수에 대한 계산을 어려워하는 거 같은데, 사실은 무척 간단해. 인척 관계에서 백부·숙부·당숙·이종사촌·고종사촌 등 익숙하지 않은 명칭 때문에 지레 겁을 먹어 그렇게 느끼는 건지……."

　"촌수 계산이 무척 간단하다고요?"

"그럼. 부모님과 내가 1촌이라는 사실을 기준으로, 나머지는 숫자를 하나씩 더해 주기만 하면 되거든."

"예를 들어 설명을 하자면요?"

"너랑 재윤이는 몇 촌일까?"

"부모님과 내가 1촌이고 재윤이도 부모님과 1촌이니까, 그 둘을 더하면 2촌이네요. 그러니까 친형제자매는 누구나 2촌인 거네요!"

"그렇지. 내가 너희들의 삼촌인 것도 나와 네 엄마의 2촌에, 너와 네 엄마의 1촌을 더해서 얻어진 숫자이고."

"은서 언니랑 우리가 사촌이 된 것은 엄마와 이모의 2촌에, 부모자식 간의 1촌이 각각 더해진 것이고요!"

처음부터 줄곧 손가락셈을 하던 재윤이가 고개를 갸웃거리며 물었어요.

"저는 이제 알 거 같아요. 그런데 엄마랑 아빠, 그러니까 부부는 몇 촌인 거예요? 아무리 머리를 짜내도 답이 안 나오는데?"

외삼촌이 큰 소리로 웃은 뒤 되물었어요.

"그래서 계속 고개를 갸웃거리고 있었던 거니?"

"예."

"혹시 '부부는 일심동체'라는 말 들어 본 적 있어?"

"그럼요. 부부는 몸과 마음이 하나라는 뜻이잖아요."

"부부는 몸과 마음이 하나이므로 무촌, 다시 말해서 촌이 없어."

"그런데 함께 살다가 만약 헤어지기라도 하면……?"

"그러면 남이 되는 거지. 이미 남남이 되었으므로 촌을 계산할 수 없

는 사이가 된 것이고."

"헐! 그러니까 부부는 전부 아니면 전무의 관계네요!"

촌수에 대한 확실한 이해와 함께, 이야기는 다시 어느 날 갑자기 조선의 임금이 된 철종의 혈통으로 돌아왔어요.

"철종의 뿌리는 사도세자에서부터 시작되었어. 사도세자에게는 두 명의 부인이 있었는데 혜경궁 홍씨와의 사이에서 정조가 태어났고, 숙빈 임씨와의 사이에서는 은언군과 은신군을 얻었단다. 철종(이원범)은 정조의 이복형제인 은언군의 손자(은언군-은언군의 셋째 아들 이광-이광의 셋째 아들 원범)로 태어났고, 훗날 조선의 26대 임금이 된 고종의 아버지 흥선 대원군은 은신군의 손자였어."

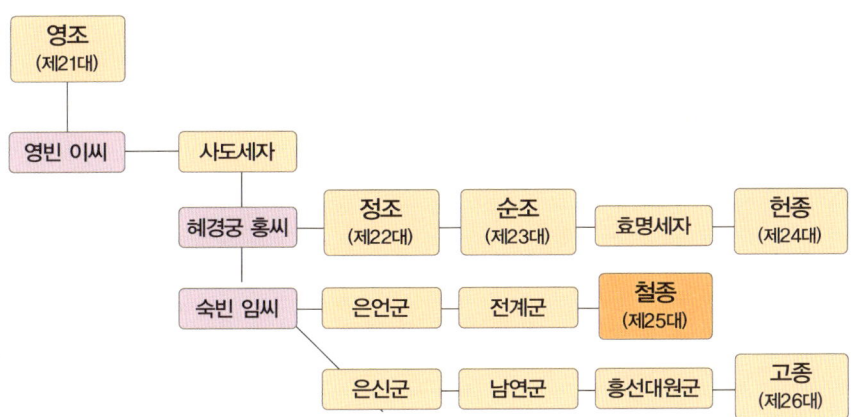

또다시 손가락을 꼼지락거리던 재윤이가 외쳤어요.

"우와! 그렇다면 철종은 선왕 헌종의 7촌 아저씨뻘이네요."

"우리 재윤이, 계산 속도가 대단하구나. 여하튼 영조 이후 왕실의 후손이 자꾸만 줄어드는 바람에, 그나마 가장 가까운 왕손이라고는 강화에서 농사꾼으로 살고 있는 강화도령 이원범밖에 없었던 거야."

"비록 촌수가 멀기는 하지만 그래도 왕족인데, 철종은 어떻게 강화도까지 가서 농사를 지으며 살게 된 거예요?"

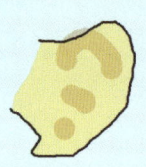

"정조 재위 당시 실세였던 홍국영은 정조에게 바쳤던 자신의 여동생 원빈이 후사 없이 세상을 떠나자, 은언군의 첫째 아들 상계군을 원빈의 양자로 삼아 세자로 추대하려고 했어. 하지만 오히려 모반죄로 몰려 처벌을 받는 사건이 있었는데, 은언군의 모든 후손들은 그 사건에 연좌되어 강화도에서 유배 생활을 해야만 했지. 그 이후 순조가 왕위에 오르고 은혜를 베풀어 도성으로 돌아와 살게 되었지만, 헌종 재위 당시 남응중이 남공언 등과 결탁해 강화도령 원범의 이복형 원경(철종 9년에 회평군으로 봉해짐, 18세에 요절하여 후손이 없음)을 옹립하려는 역모 사건을 일으키는 바람에 다시 강화도로 유배당해 숨소리조차 제대로 내지 못한 채 살아야만 했단다."

"그러니까 철종은 아무 잘못도 없이 귀양살이를 한 거네요."

"아주 오랜 옛날부터 왕족들은 종종 꿈에도 생각하지 않았던 정치적 사건에 연루되어 희생양이 되고는 했지. 은언군의 후손들 역시 그런 셈이었어. 하지만 1849년 6월, 헌종이 후사 없이 세상을 떠나자 강화도령

원범에게 말도 되지 않는 엄청난 일이 벌어진 거야."

"농사꾼에서 하루아침에 조선의 임금이 되었네요."

"헌종이 승하한 후 이틀이 지난 1849년 6월 8일, 대왕대비 순원왕후 김씨는 강화도에서 급히 데려온 원범을 정조의 손자이자 순조의 양아들로 입양시킨 뒤 덕안군으로 봉했어. 곧이어 그 다음날에는 창덕궁에서 조선의 25대 임금으로 추대해 옥좌에 앉혔단다."

"한 사람의 인생이 사흘 만에 완전히 뒤바뀐 거네요!"

"그때 철종의 나이는 열여덟이었어. 어려서부터 제왕 수업을 꾸준히 한 왕자였더라면 충분히 친정을 할 수 있는 상황이었지. 하지만 철종은 유배지 강화에서 농사짓고 살던 소년에 불과했어. 따라서 처음에는 대왕대비 순원왕후 김씨가 수렴청정을 했는데, 대왕대비가 이듬해 9월에 자신의 친정 혈족인 김문근의 딸을 철종의 비로 맞이하면서 잠시 수그러들었던 안동 김씨의 세도 정치가 또다시 나라를 뒤흔들게 되었지."

"철종은 언제쯤 제대로 된 임금 역할을 하기 시작했어요?"

"친정은 등극 3년째인 1852년부터였지. 하지만 정치적 실권은 여전히 안동 김씨 일족이 갖고 있었어. 나랏일은 이삼 년 사이에 모두 알 수 있는 것도 아닐뿐더러, 이미 권세의 맛을 충분히 맛보아 그 달콤함을 알고 있는 안동 김씨가 쉽게 넘겨주려 하지 않았을 거야."

그런 가운데서도 철종은 관서 지방에 기근이 들자 선혜청전 5만 냥과 사역원삼포세 6만 냥을 굶주림에 시달리고 있는 백성들에게 빌려주는 한편, 그 과정에서 부정을 저지른 관리들을 엄벌하라는 왕명을 내리기도 했대요. 임금으로서 어떻게든 백성들의 어려움을 덜어 주려 했던 것이지요.

하지만 외삼촌의 설명에 따르면 안동 김씨의 세도 정치 때문에 삼정의 문란은 극으로 치닫고 있었고, 탐관오리의 수탈은 더욱 심해져 백성들의 삶은 그야말로 고통 그 자체였답니다. 1862년 봄, 진주 농민 봉기를 시작으로 전국 각지에서 동시다발적으로 일어난 농민들의 봉기가 바로 당시의 시대적 상황을 여실히 보여 주고 있다는 거예요.

서연이는 진주 농민 봉기에 대한 자세한 이야기를 듣고 싶었어요. 도대체 관리들이 얼마나 못살게 굴었으면 평생 농사만 짓던 농민들로 하여금 봉기를 할 수밖에 없도록 했는지 궁금했던 것이지요.

"삼정이 얼마나 문란해졌기에 농민들마저 들고 일어난 거예요?"

외삼촌이 낮게 가라앉은 목소리로 설명을 시작했어요.

"진주 농민 봉기의 직접적인 동기는 경상도우병사로 부임한 백낙신의 끝없는 탐욕과 잔학(잔인하고 포학함)함에서 비롯되었어. 백낙신은 경상도 서부 지역인 경상우도에 부임한 이후 온갖 방법을 동원해 농민을 수탈했는데, 한 해 동안 가로챈 액수가 무려 4만~5만 냥에 이르렀다고 해. 게다가 1862년에는 진주목사 홍병원 역시 자신을 포함한 관리들이 훔친 8만 냥 정도의 세금을 백성들에게 한꺼번에 거두어들이려 했고, 경상우병영에서도 그 사이에 부족해진 환곡과 군포 약 7만 냥을 농가에 분담해 강제로 징수하려고 했단다."

"도둑이나 강도보다 더 악독한 관료들이었네요!"

"그렇지 않아도 거듭된 흉년으로 하루하루를 버텨 내듯 살아가던 농민들은 더 이상 견딜 수가 없었어. 특히 진주 서남쪽 유곡면 내평촌에 살던 사십대 후반의 농부 유계춘은 마을 사람들을 모아 여론을 형성한 뒤 각종 폐단을 지적하면서 관아에 시정을 요구했지. 하지만 탐관이 득실거리는 경상우병영과 진주목의 수탈은 더욱 심해지기만 했어. 결국 농민 봉기를 결심한 유계춘은 동료 농민 김수만·이귀재 등과 함께 주변의 여러 마을에 한글로 된 방문(어떤 일을 널리 알리기 위하여 사람들이 다니는 길거리나 많이 모이는 곳에 써 붙이는 글)을 붙인 뒤, 1862년 2월 18일 이른 아침 행동으로 옮기기에 이르렀지."

"마을 농민들의 호응은 어땠어요?"

"벼슬아치들에게 치를 떠는 농민들이었으니 모두들 한마음이었지.

그들은 곧 수곡 장터와 덕산 장터의 모든 상점들을 닫게 한 뒤 세력을 규합했는데, 주변 백성들의 반응이 기대했던 것보다 훨씬 더 뜨겁게 달아오르자 자신감을 갖게 되었어. 그래서 농민들은 스스로를 나무꾼 병사, 즉 '초군'이라 부르면서 농기구와 몽둥이를 치켜들고 진주성으로 몰려갔단다."

"관군들과 충돌은 없었던 모양이네요?"

"워낙 갑자기 벌어진 일인데다가, 진주성 주변의 여러 마을에서 수많은 농민들이 몰려들어 초군의 숫자가 순식간에 수만 명으로 불어나 버렸거든. 게다가 진주성이 포위된 상태여서 이튿날 아침 일찍 진주목사 홍병원과 경상도우병사 백낙신은 백성들로부터 강제로 징수하려 했

던 불법 세금을 없던 것으로 하겠다는 약속을 할 수밖에 없었어."

"농민 봉기군의 완벽한 승리네요!"

"하지만 분노를 가라앉히지 못한 농민들은 포위를 풀지 않고 그동안 관리들이 저지른 죄를 하나씩 들추어낸 뒤, 진주목사와 경상도우병사의 수족 노릇을 하면서 악질적인 방법으로 농민들을 괴롭혔던 앞잡이 권준범과 김희순을 잡아다 불에 태워 죽였어."

"어머나!"

서연이는 화들짝 놀랐어요. 비록 씻을 수 없는 죄를 저지른 사람들이지만 법절차를 무시하고 화형을 시키는 건 크게 잘못된 일이라는 생각이 들었기 때문이었지요.

"농민들은 그 이후로도 못된 향리 수십 명을 붙잡아 집단구타를 했는데, 그 과정에서 죄질이 고약한 4명은 목숨을 잃었고 나머지는 심각한 부상을 당했지. 또한 일부 농민들은 초군이 스스로 해산한 나흘 동안 평소 악덕하기로 이름이 높은 지주의 집을 습격하는 등 분풀이를 했단다. 그 결과 23개 면의 부잣집 126가구가 파괴되고 재물을 빼앗겼는데, 그로 인한 피해액만 약 10만 냥에 이르렀다고 해."

"그 지경이 될 때까지 조정에서는 아무런 조치도 취하지 않은 거예요?"

"요즘처럼 통신이나 교통이 발달하지 않는 시대였기 때문에 조정에서는 분노한 농민들이 모두 해산하고 일주일 후인 2월 29일에야 연암 박지원의 손자인 박규수를 진주안핵사로 임명해 수습하게 했어. 진주에 도착한 박규수는 약 세 달에 걸쳐 농민 봉기의 뒷수습을 했단다."

"그럼 농민 봉기를 주도한 농민들은 어떻게 되었어요?"

"물론 처벌을 받았지. 농민들 중에서 주동자 10명은 효수형(죄인의 목을 베어 높은 곳에 매달아 놓아 뭇사람에게 보게 하던 형벌)에 처해졌고, 귀양 20명, 곤장 42명, 미결 15명이었어. 그리고 부정한 짓을 저지른 관리는 귀양 8명, 곤장 5명, 파직 4명, 미결 5명이었지."

짧지만 강렬했던 진주 농민 봉기는 그렇게 마침표를 찍었어요. 하지만 비슷한

얼마나 살기 힘들었으면...

처지에 시달리고 있는 전국 각지의 농민들에게 큰 자극을 주었답니다. 그 결과 충청·전라·경상 등 삼남의 71개 지역에서 농민 봉기가 잇달아 일어났고, 급기야는 함경도와 제주에서까지 봉기의 움직임이 있었다고 해요.

한편, 전국 각지에서 농민 봉기가 일어나자 화들짝 놀란 조정에서는 그제야 삼정의 문란을 바로잡는 등 개혁 추진 방안을 논의하기 시작했대요. 하지만 제 잇속 차리기에 바쁜 지배층과 관리들이 적극적으로 나서지 않는 바람에 흐지부지되고 말았다고 하네요.

외삼촌은 그러나 전국적으로 일어난 농민 봉기를 통해 백성들의 의식 수준이 크게 발전했다고 설명해 주었어요. 그로부터 30여 년이 지난 이후에 시작된 동학 농민 운동 역시 진주 농민 봉기와 같은 백성들의 움직임이 있었기 때문에 가능했다는 것이지요.

여하튼 서연이의 마음은 씁쓰레했어요. 그 이유가 농민 봉기의 원인을 제공한 탐관오리 때문인지, 나라를 구렁텅이로 빠뜨린 세도 정치의 원흉들 때문인지 확실히 알 수는 없었지만 말이에요.

재미있는 우리 역사, 돋보기로 살펴보기 7

삼정의 폐단을 막기 위한 임시 관청, 삼정이정청

철종은 1862년 5월, 삼정의 폐단을 뿌리 뽑기 위해 임시 관청인 '삼정이정청三政釐整廳'을 만들었어요. 그해 초부터 일어난 진주 농민 봉기와 삼남 지방의 농민 봉기에 대한 수습책을 마련하기 위해 만든 관청이랍니다.

사실 삼정의 폐단에 대한 대책을 세운 것은 이번이 처음은 아니에요. 1811년(순조 11) 홍경래의 난이 일어났을 때도 조정에서는 삼정에 대한 관리 부처를 옮겨 개혁을 하려 했지만 별다른 성과를 내지 못했어요. 그래서 삼정은 여전히 문란할 수밖에 없었던 거예요.

그래서 결국은 진주 농민 봉기를 시작으로 삼남 지방에서 잇따라 농민 봉기가 발생했고, 철종은 이를 방지하기 위해 삼정이정청을 세워 삼정 문란의 근본을 없애고자 했지요. 나아가 조정에서는 안핵사와 선무사, 그리고 암행어사 등을 파견해 민심을 살피는 등 대책을 마련하려 했답니다.

철종은 1862년 5월 26일 설치된 삼정이정청에 정원용·김흥근·김재근·조두순 등 원로들을 총재관으로 선임했고, 김병익과 김병국 등

판서에 준하는 고위급 관료들을 당상관으로 임명했어요. 나아가 전국 각지의 지식인들에게 삼정의 폐단을 근절시킬 방법에 대한 의견을 제시하라는 교서를 내렸지요.

그 결과 다양한 대책이 삼정이정청에 도착했어요. 삼정이정청의 총재관과 당상관들은 그 내용을 검토·확인한 뒤 '군정과 전정은 옛 제도를 기본으로 유지한 채 폐단만을 고치며, 환곡은 근본적으로 개혁하여 환곡의 부족분을 토지에 부과하는 결세에 붙여 충당하는 것이 바람직하다.'는 결론을 이끌어 냈답니다.

그 이후 삼정이정청은 《삼정이정절목》(삼정의 문란함을 바로잡기 위하여 만든 책)을 책으로 내면서 철폐되었고, 삼정의 업무는 비변사로 넘어갔어요. 약 반 년에 걸친 삼정이정청의 활동으로 삼정의 폐단은 근절되었을까요? 안타깝게도 아니에요. 삼정이정청에서 내놓은 대책이 성공했더라면 동학 농민 운동은 일어나지 않았겠지요!

난봉꾼 행세로 눈속임을 한 흥선 대원군

철종은 1863년 12월 8일, 임금이 된 지 14년 만에 승하했어요. 이제 겨우 서른셋에 불과한 젊은 나이였지만, 안동 김씨의 세도 정치에 밀려 자신의 뜻이 번번이 좌절되자 급기야는 향락에 빠져 살다가 건강이 악화되어 세상을 떠나고 말았던 것이지요.

서연이는 만약 철종이 도성으로 올라와 보위를 잇지 않고, 강화도에서 계속 농사를 지으며 이원범으로 살았더라면 최소한 서른셋보다는 더 살았을 것이라는 생각이 들었어요. 또한 비록 풍족한 삶은 아니었겠지만, 마음만은 이리저리 휘둘리지 않아도 되는 평범한 농사꾼으로 살다 갔을 것이라는 생각과 함께 말이에요.

철종의 자녀는 궁인 범씨가 낳은 영혜옹주가 전부였어요. 왕자가 몇 명 태어나기는 했지만 불운하게도 어렸을 때 모두 세상을 떠나고 말았지요. 그런 상황에서 철종의 건강에 문제가 발생하자 가장 먼저 왕권에 눈독을 들인 사람은 바로 이하응이었답니다. 자신의 아들을 임금으로 만들고 싶었던 거예요.

외삼촌이 왕실과는 까마득히 먼 이하응의 혈통에 대한 설명을 해 주었어요.

"이하응은 조선 16대 임금 인조의 셋째 아들 인평대군의 8세손이었어. 다시 말하자면 2백여 년 전 조상이 임금이었던 셈이지. 따라서 왕실과는 아주 먼 인척 관계일 뿐이었는데, 이하응의 아버지(남연군)가 정조의 이복동생 은신군의 양자로 선택되면서 영조의 손자 자격으로 편입

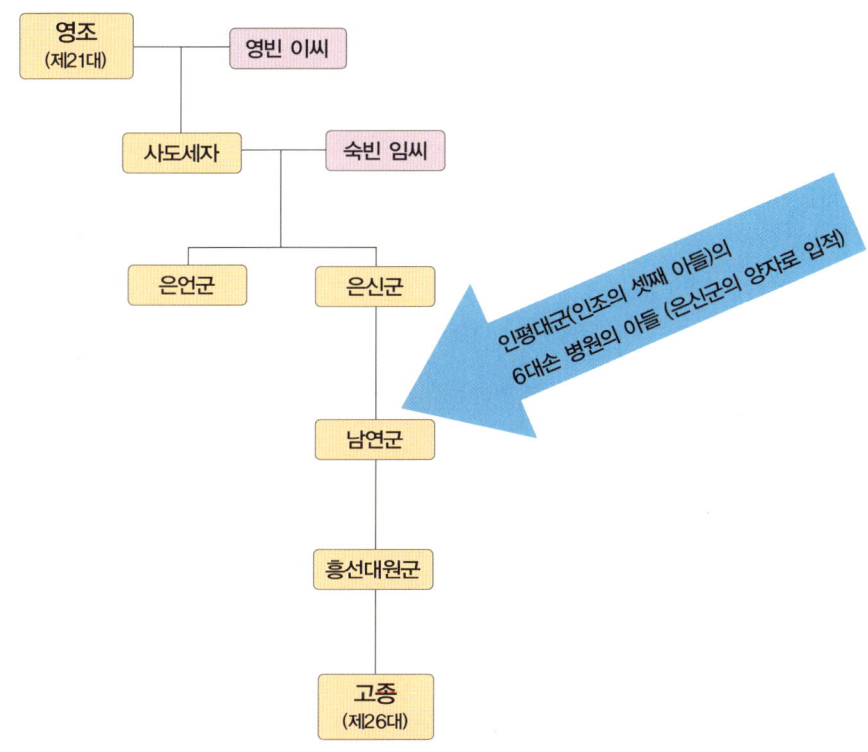

된 거야."

서연이가 고개를 갸웃하며 물었어요.

"정상적인 혈통으로 계산하면 사실상 남이나 다름없는 사람이 어떻게 왕이 되겠다는 생각을 할 수 있었던 거예요?"

"헌종 이후 정조의 직계 후손이 끊어지면서, 철종처럼 촌수가 가까운 왕족들은 누구나 임금이 될 수 있었어. 하지만 세도 정치의 원흉이라고 할 수 있는 안동 김씨 세력이 워낙 강했기 때문에 왕위가 가까운 왕족일수록 목숨의 위협을 느껴야만 했어. 안동 김씨 입장에서 권력을 놓치지 않기 위해서는 자신들이 강화도에서 데려온 철종처럼 정치에 무지한 인물을 왕위에 앉혀야 했거든. 따라서 안동 김씨 일파는 끊임없이 왕족들을 견제하면서 왕의 자질이 조금이라도 보이는 왕손들은 역모라는 누명을 씌워 귀양을 보내거나 목숨을 빼앗아 버렸지."

"그렇다면 이하응은 어떻게 안동 김씨의 견제를 피할 수 있었어요?"

"우선 혈통으로 가까운 왕족이 아니었기 때문에 안동 김씨 입장에서 크게 신경을 쓸 필요가 없었겠지. 하지만 이하응은 편입된 가계가 왕권과 가까웠으므로 만약의 사태를 대비해 건달이나 난봉꾼 행세를 하며 10여 년이 넘는 오랜 세월을 견뎌 냈어."

이번에는 재윤이의 질문이 이어졌어요.

"그런다고 해서 안동 김씨 세도가들이 스스로 알아서 이하응의 아들에게 철종의 뒤를 잇게 하지는 않았을 텐데요!"

외삼촌이 고개를 끄덕이며 말을 이었어요.

"우리 재윤이가 아주 예리한 지적을 해 주었어. 삼십대 중반의 나이가 된 이하응은 세도가들의 견제를 피하기 위해 온갖 난봉꾼 짓을 하고 다녔는데, 그 결과 '상갓집 개'라는 치욕적인 별명으로 불리기까지 했지. 그의 행실이 '주인이 죽어 돌봐 줄 사람이 없어지자 비쩍 말라 수척한 모습으로 이곳저곳을 기웃거리며 먹을 것을 찾아다니는 불쌍한 개'처럼 보였기 때문에 그런 별명이 붙게 된 거야."

"이하응의 작전이 성공한 거네요!"

"그런 셈이지. 하지만 이하응은 한편으로 왕실의 최고 어른인 대왕대비 조씨의 친정 조카 조성하에게 접근해 친교를 맺은 뒤, 그 연줄을 이용해 대왕대비와 은밀하게 만날 수 있었단다."

"대왕대비 조씨는 어떤 사람인데요?"

"조 대비는 순조의 아들 효명세자의 부인이었어. 효명세자는 순조 재위 후반 대리청정을 하면서 안동 김씨의 세도 정치를 타파하고 왕권을 강화하기 위해 많은 노력을 했지만 스물한 살의 젊은 나이에 세상을 떠나는 바람에 모든 것이 허사가 되고 말았지. 그 이후 아들 헌종이 왕위에 오르면서 효명세자는 익종으로 추존되었고, 그의 아내 조씨는 대비가 되었어. 그런데 대비 조씨는 어린 나이에 남편을 잃은 데다 안동 김씨 가문 출신인 시어머니 순원왕후의 기세에 눌려 친정 풍양 조씨 가

문은 물론 자신의 궁중 생활 역시 무척 힘들었단다."

"그런 상황에서 순원왕후의 사망과 함께 궁중의 최고 어른이 되었으니, 어떻게든 안동 김씨 세력에 앙갚음을 하고 싶었겠네요!"

"오랜 세월 핍박을 받았으니 그런 생각이 들었겠지. 그런 상황에서 10년여 동안 난봉꾼 생활을 한 덕분에 안동 김씨 세력의 견제를 전혀 받지 않은 이하응이 세간에 떠돌던 소문과는 전혀 다른 멀쩡한 모습으로 친정 조카 조성하와 함께 찾아와 '철종이 후사가 없이 죽을 경우 자신의 둘째 아들 명복을 왕위 계승자로 지명해 주면, 그동안 안동 김씨에게 당했던 설움을 씻게 해 주겠다.'고 하니 마음이 움직일 수밖에 없었던 거야."

"두 사람 모두 안동 김씨 가문이라는 거대한 적군을 박살내고자 하는 의지를 강하게 갖고 있었기 때문에 금세 한편이 될 수 있었을 거예요."

그로부터 다소간의 세월이 흐른 1863년 12월, 건강 상태가 좋지 않던 철종이 세상을 떠났어요. 그러자 대왕대비 조씨는 미리 약속했던 대로 이하응의 둘째 아들 명복을 조선의 26대 임금으로 지명했답니다.

아버지 이하응의 치밀한 계산과 뼈를 깎는 노력 덕분에 12살 난 어린 고종은 조선의 왕이 되었고, 이하응은 조선 역사상 최초로 살아 있는 대원군이 된 것이지요. 그것도 불혹을 갓 넘긴 마흔넷 젊은 나이에 말이에요.

외삼촌의 이야기가 계속되었어요.

"새로 임금이 된 고종이 나이가 어렸기 때문에 수렴청정을 하게 된 대왕대비 조씨는 나라의 주요 정책에 대한 결정권을 흥선 대원군 이하응에게 주었어. 다시 말해서 나라의 실질적인 권력을 흥선 대원군에게 넘겨주었던 거야."

고종의 등극과 함께 권력 투쟁이 시작될 기미가 보이자, 재윤이가 외삼촌의 턱밑까지 바싹 다가앉으며 물었어요.

"이제 순조 즉위 이후 시작되었던 세도 정치의 주범 안동 김씨 일파를 한꺼번에 숙청해서 지난 60여 년 동안 지속되었던 썩은 정치의 뿌리를 완전히 도려내는 일만 남은 거네요?"

그러나 외삼촌은 고개를 살며시 가로저었어요.

"안동 김씨 세력의 눈을 속이기 위해 상갓집 개라는 별명까지 얻게 된 흥선 대원군이었지만, 그는 매우 합리적인 인물이었어. 무조건적인 복수의 칼날을 휘둘러 그간의 설움을 되갚기보다는, 10여 년 세월을 난봉꾼처럼 살면서 느끼고 깨달은 조선 사회의 문제점들을 개혁 정책으로 해결하려 했던 거야."

"우와, 흥선 대원군은 대단

흥선 대원군 · 국립중앙박물관

한 사람이었네요!"

"물론 세도 정치가 더 이상 지속되지 않게 하기 위해 안동 김씨 가문의 여러 핵심 인물들을 파직시키기는 했지. 하지만 안동 김씨가 거의 모든 요직을 차지하고 있었기 때문에 그들을 모두 몰아내고 나면 국정의 공백이 생길 수밖에 없었어. 그래서 고종이 즉위할 때 힘을 실어 준 이조판서 김병학 등 몇몇 인물들은 오히려 승진을 시켜 협조 체제를 유지하면서 당파를 초월한 인재 등용과 부패 관리 척결에 힘을 쏟았단다."

"흐음, 점점 더 멋져 보이는데요!"

"흥선 대원군은 또한 조선 정치의 뿌리 깊은 갈등 요소였던 붕당의 원인이 서원에서 비롯된 것으로 여겼어. 전국 각지에 자리 잡고 있는 사학 교육 기관인 서원을 통해 스승과 제자, 선배와 후배의 고리가 끊임없이 연결되어 붕당과 당쟁의 파벌이 형성되었다고 판단한 거야. 그래서 주요 서원 47개를 제외한 600여 개의 서원에 대한 철폐 명령을 내렸지. 또한 새로운 법전을 간행해 변화한 시대에 알맞은 법률 제도를 확립했고, 세도 정치로 인해 잔뜩 비대해진 대신들의 권한을 제한하면서 왕권을 강화하기 위한 여러 정책들을 시행했어."

"저는 그동안 흥선 대원군 하면 쇄국 정책이나 명성황후와의 권력 다툼만 떠올렸어요. 그런데 그게 다가 아니었네요!"

재윤이의 연이은 감탄과 함께, 흥선 대원군 집권 초기의 과감한 개혁과 관련된 외삼촌의 이야기는 계속해서 이어졌어요.

"흥선 대원군은 또한 양반도 세금을 내도록 했고, 각 군현의 촌락에

사창(각 지방 군현의 촌락에 설치된 곡물 대여 기관)을 설치해 백성들에게 곡식을 빌려줌으로써 굶주림에 시달리고 있는 백성들의 허기를 달래줌과 동시에 만연했던 지방 관리의 수탈 등 부정행위를 미리 방지하게 했어. 물론 흥선 대원군의 이와 같은 개혁 정책은 지배 계층인 양반들의 엄청난 반발과 마주하게 되었지. 하지만 부담이 크게 줄어든 일반 백성들의 절대적인 지지로 난관을 헤쳐 나갈 수 있었단다."

"흥선 대원군이 무척 많은 일을 했네요! 그런데 왜 저한테는 부정적인 이미지가 훨씬 더 강하게 심어져 있는 걸까요?"

재윤이의 질문에 외삼촌이 빙긋이 웃으며 대답했어요.

"흥선 대원군이 집권 초기에 시행한 개혁 정책은 대부분 칭찬받아 마땅한 것들이었어. 하지만 세월이 흐르면서 권력에 맛을 알게 된 그의 초심은 흔들리기 시작했고, 그 결과 고종이나 자신에게 조금이라도 해를 끼칠 수 있는 가능성이 있는 모든 것을 적대시하는 실책을 저지르게 된 거야."

"알기 쉽게 예를 들면 어떤 것이 있어요?"

"이것은 순전히 내 개인적인 의견이지만, 흔들린 초심의 대표적인 예는 경복궁 중건이라고 생각해. 흥선 대원군은 임금의 위엄을 드러내 보이기 위해 경복궁 중건을 결정했어. 하지만 나라의 재정이 열악해 비용을 충당할 수 없는 지경에 이르자 당시에 유통되고 있던 상평통보보다 100배나 더 높은 가치의 화폐를 발행해 유통시켰지. 당백전이라는 이름을 붙여서 말이야. 또한 흥선 대원군은 원납전이라는 기부금을 반강제로 거두어들였는데, 신분에 상관없이 원납전 1만 냥을 내는 사람에게는 벼슬을 주었고, 10만 냥을 납부한 사람에게는 고을 수령으로 임명했단다. 그 결과 잠시 회복세를 보이던 나라의 경제가 또다시 기울어지는 바람에 백성들의 삶은 예전보다 더 깊은 수렁으로 빠지고 말았지."

"세상에! 그건 세도 정치가 한창일 때 발행해 신분 질서를 어지럽혔던 공명첩이나 납속책보다 더한 거잖아요?"

"그런 셈이지. 흥선 대원군은 또한 아들을 지켜 내기 위해 왕권 강화에 대한 집착이 매우 심해서 왕권을 약화시킬 소지가 있는 모든 것들을 말살하려 했지. 예컨대 서구의 평등 사상이 들어와 뿌리를 내리면 왕권 중심의 유교 사상이 흔들릴 수밖에 없다는 생각을 했고, 그 생각은 곧

강력한 쇄국 정책과 천주교 박해로 이어져 서구의 선진 세력과 자연스럽게 수교를 맺을 수 있는 기회를 놓쳐 버렸어. 천주교도 탄압을 계기로 프랑스 군대와 일전을 벌인 병인양요, 통상 관계를 요구하며 강화도에 상륙한 미국 군대와의 전투인 신미양요가 그 대표적인 예라고 할 수 있단다."

얼굴에 실망한 기색이 가득한 재윤이가 힘없는 목소리로 중얼거렸어요.

"흥선 대원군의 머릿속에는 결국 나라나 백성보다는 자신의 권력과 아들의 왕위만 있었던 거였구나. 그래서 내가 기억하는 흥선 대원군의

이미지는 부정적일 수밖에 없었던 거야."

흥선 대원군은 무려 10년 동안 섭정(왕을 대신하여 나라를 다스림)을 하면서 최고 권력을 휘둘렀답니다. 하지만 이십대 초반이 된 고종은 이미 어린아이가 아니었어요. 이제 임금인 자신의 뜻에 따라 나라를 다스릴 때가 되었다고 생각한 것이지요. 그런데 아버지 흥선 대원군은 곧바로 권력을 넘겨주려 하지 않았어요.

서연이의 머릿속에는 외삼촌에게 우리나라 역사 이야기를 들으며 알게 된 '아버지와 아들 사이라 할지라도 권력은 나눌 수가 없다.'는 말이 새삼스럽게 떠올랐어요.

외삼촌의 이야기가 계속되었어요.

"흥선 대원군이 권력을 물려주려 하지 않자, 고종은 지난날 서원 철폐의 부당함을 강력하게 상소한 이후 아버지의 눈 밖에 난 사헌부 장령 최익현을 떠올렸어. 고종은 곧 최익현을 승정원의 정3품 동부승지로 영전榮轉(전보다 더 좋은 자리나 직위로 옮김)시켜 왕명 출납을 관장하는 요직을 담당하게 했지."

"고종 입장에서 아버지한테 직접 물러나라는 불효를 저지를 수는 없으니 흥선 대원군과 사이가 좋지 않은 최익현의 입을 빌려 섭정의 자리에서 밀어내려 했던 거네요?"

"서로 말은 하지 않았지만 임금의 속마음을 눈치챈 최익현은, 서원 철폐와 함께 흥선 대원군에게 악감정을 갖게 된 학자들을 끌어모았어. 나아가 명성황후의 친정인 민씨 일파와 교류하면서 세력을 키운 뒤, 고종의 친정을 실현하기 위해 상소문을 올렸어."

"어떤 내용의 상소였어요?"

"그 하나는 임금이 성년이 되었음에도 흥선 대원군이 집정執政(정권을 잡음)하는 것은 법도에 어긋난다는 것이었고, 두 번째는 조정이 흥선 대원군에게 아부하는 무리로 가득해서 정의가 소멸되었다는 것이었어. 세 번째는 경복궁 중건을 위해 발행한 화폐와 각종 세금은 나라와 백성의 재앙이 되는 등 폐해가 몹시 크므로 흥선 대원군은 더 이상 정사에 간여해서는 안 된다고 못을 박았지. 그러니까 나라의 최고 권력자를 정면으로 비판한 셈이었단다."

"그래서 결론은 어떻게 내려졌어요?"

"흥선 대원군의 그늘에 있던 대신들이 벌떼처럼 일어나 섭정과 임금의 부자 사이를 이간질하는 최익현에게 엄벌을 내리라고 요구했지. 그 결과 정치적으로 치명타를 맞은 흥선 대원군은 고종의 친정 선포와 함께 정치 일선에서 물러날 수밖에 없었고, 최익현 역시 상소의 내용이 과격하고 방자하다는 죄목이 인정되어 제주도로 유배를 떠나야 했어."

"고종 입장에서는 목표를 달성한 셈이네요."

"하지만 그 이후로도 흥선 대원군은 틈만 나면 정계 복귀를 노렸고, 그의 권력에 대한 집착은 며느리 명성황후와의 갈등으로 이어졌어. 그는 임오군란 때 검객들을 이끌고 궁궐로 쳐들어가기도 했고, 동학 농민 운동 때는 동학 세력의 힘을 이용하려 했으며, 갑오개혁 때는 일본과 손을 잡고 재집권을 꿈꾸었지만 끝내 실패하고 말았단다."

서연이는 흥선 대원군의 삶이 파란만장했다는 생각이 들었어요. 나아가 권력자가 된 이후 시작은 더없이 좋았지만, 끝이 너무 유치하고 지저분하게 느껴져 마음이 개운하지 않았어요. 따라서 재윤이의 머릿속에 그에 대한 부정적인 인식이 심어져 있는 건 당연한 일이라 여겨졌지요.

흥선 대원군은 아무리 막강한 권력이라도 10년을 넘기지 못한다는 '권불십년權不十年'(아무리 높은 권세라도 오래가지 못함)이라는 말을 몰랐을까요? 아니면 권력의 맛에 중독되어 그 말을 떠올릴 겨를이 없었던 것일까요? 심지어 아들 부부와 목숨을 건 권력 투쟁을 벌일 만큼 말이에요.

재미있는 우리 역사, 돋보기로 살펴보기 8

'사람이 곧 하늘'이라며 평등을 외친 종교, 동학

동학東學은 천주교로 대표되는 서학西學에 대응하는 우리의 종교라는 뜻으로, 1860년 수운水雲 최제우에 의해 창립되었어요. 19세기 중반 조선은 정치와 사회 전반이 불안하고 혼란한 시기였어요. 게다가 전통 종교는 부패해 백성의 안식처가 되지 못했고, 서양의 천주교는 우리의 전통적 가치와 성향이 달라 충돌되는 부분이 많았지요.

최제우가 동학을 창립한 것은 바로 그즈음이었어요. 혼탁해진 세상과 민생고에 시달리고 있는 백성을 구하겠다는 큰 뜻을 품고 경상도 양산 천성산의 석굴에 들어가 수행을 하던 중, 하늘을 다스리는 신 '한울님'의 계시를 받고 세상에 나와 동학을 열었답니다.

동학은 우리 고유의 종교이므로 사상의 기본은 전통적인 풍수 사상과 유儒·불佛·선仙의 교리를 바탕으로 '인시천人是天', '천심즉인심天心卽人心'의 사상을 핵심으로 하고 있어요. '인시천'이란 만민 평등의 이상을 표현한 것으로, 조선의 지배 이념인 유교 중심의 양반 계급 사회를 부정하고 있지요.

신분 제도나 적서 차별 등 조선의 사회적 규범에 비판적이었던 동학

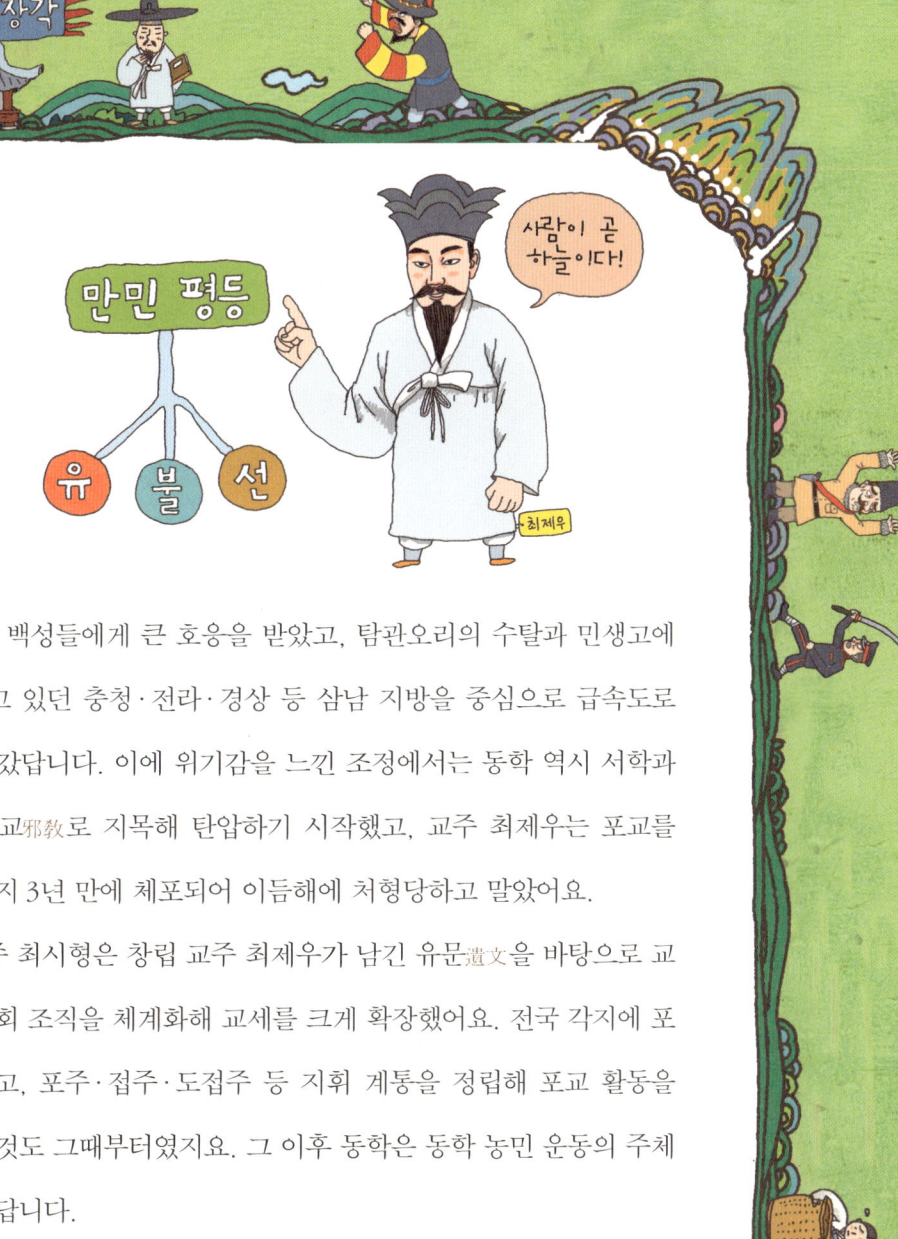

은 일반 백성들에게 큰 호응을 받았고, 탐관오리의 수탈과 민생고에 시달리고 있던 충청·전라·경상 등 삼남 지방을 중심으로 급속도로 퍼져 나갔답니다. 이에 위기감을 느낀 조정에서는 동학 역시 서학과 같은 사교邪敎로 지목해 탄압하기 시작했고, 교주 최제우는 포교를 시작한 지 3년 만에 체포되어 이듬해에 처형당하고 말았어요.

2대 교주 최시형은 창립 교주 최제우가 남긴 유문遺文을 바탕으로 교리와 교회 조직을 체계화해 교세를 크게 확장했어요. 전국 각지에 포包를 두고, 포주·접주·도접주 등 지휘 계통을 정립해 포교 활동을 시작한 것도 그때부터였지요. 그 이후 동학은 동학 농민 운동의 주체가 되었답니다.

하지만 동학 농민 운동 막바지에 최시형이 체포되어 사형을 당하자 손병희가 뒤를 이어 3대 교주가 되었어요. 손병희는 동학이라는 이름을 천도교로 바꾼 뒤 교리를 새롭게 정비하고 교세를 확장해 나갔답니다.

봉건 지배와 외세의 침략에 항거한 동학 농민 운동

동학 농민 운동은 전라도 고부군에서 일어난 농민 봉기가 불씨가 되어 시작된 농민 항쟁이랍니다. 고부군은 오늘날 전라북도 정읍과 부안 일대의 옛 지명으로, 탐관오리의 수탈이 유난히 극심했던 고을이기도 하지요.

고부에서 일어난 농민 봉기에 대한 외삼촌의 이야기가 시작되었어요.

"김제평야를 끼고 있는 그 지역은 예부터 농산물 수확이 풍부한 우리나라 최대의 곡창 지대로, 나라의 재정에 상당한 영향을 미칠 만큼 비중이 큰 고을이야. 따라서 백성들의 삶을 돌보는 것보다 제 잇속 채우기 좋아하는 탐관들이 뒷배(겉으로 나서지 않고 뒤에서 보살펴 주는 일)를 동원해서라도 부임하고 싶어 하는 곳이었지."

서연이가 물었어요.

"그러니까 예전부터 관리들의 수탈이 끊이지 않았다는 건가요?"

"그런 셈이지. 하지만 농민들의 살림살이가 다른 지역에 비해 넉넉한 편이어서 관리들의 어지간한 횡포는 꾹 참고 넘기고는 했단다. 자칫하면 더 큰 보복을 당할 수도 있었거든."

"그렇게 견뎌 왔던 농민들이 왜 들고 일어난 거예요?"

"문제의 발단은 1892년 4월 고부 군수로 부임해 온 조병갑에게서 비롯되었어. 영의정 조두순의 조카로 두려울 것이 없었던 조병갑은 여러 고을의 수령을 역임하는 동안 탐관오리의 전형을 보였던 인물로, 백성들을 쥐어짜는 데 천부적인 재능을 발휘한 악덕 관리였거든."

외삼촌의 설명에 구미가 당긴 재윤이가 두 눈을 반짝이며 말했어요.

"못된 짓에 천부적이라면, 마치 놀부처럼요?"

"고부에 도착한 조병갑이 가장 먼저 추진했던 일은 관할 지역 내에 살고 있는 부농들의 기세 꺾기였어. 조병갑은 고을의 지주들을 하루가 멀다고 체포해 관아로 끌고 온 뒤, 말도 되지 않는 죄를 뒤집어 씌워 가두어 놓고는 재물을 바치라고 협박했단다."

"도대체 어떤 죄목을 붙였는데요?"

"노부모를 모시고 사는 사람에게는 효도하지 않는 죄를, 이미 부모님이 돌아가신 사람들에게는 형제간에 화목하게 지내지 않은 죄를 물었단다. 그마저도 해당되지 않는 자에게는 이웃 아녀자를 몰래 훔쳐봤다며 죄를 묻거나, 재미삼아 친구들과 가볍게 했던 내기를 도박죄로 부풀려 감옥살이를 시킨 거야."

"우와, 이건 숫제 놀부보다 한 수 위인 것 같은데요!"

"그와 같은 수법으로 빼앗은 돈이 순식간에 2만 냥을 넘겼는데, 문제는 그것이 시작에 불과했다는 사실이야."

"오 마이 갓!"

"조병갑은 또한 과거에 옆 고을 태인 현감을 지낸 자신의 아버지 공덕비를 세운다며 기부금을 강제로 거두었어. 나아가 고을 백성들이 특산물 대신 나라에 바치는 대동미를 쌀 대신 돈으로 내게 한 뒤, 그 돈으로 질이 나쁜 쌀을 사서 상납해 그 차액을 가로채기도 했지."

화가 치밀어 얼굴이 붉으락푸르락해진 재윤이가 외쳤어요.

"세상에서 가장 악질적인 탐관오리였네요!"

"그로부터 얼마 지나지 않아 조병갑은 농민들의 생업인 농사일과 직접적으로 관련된 만행을 저질러, 백성들로 하여금 분노를 더 이상 억누를 수 없는 지경으로 내몰았단다."

"이번에는 또 어떤 부정을 저질렀는데요?"

"고부군 백성들은 일찍이 동진강을 막아 농토에 물을 공급하는 만석보를 건설해 사용하고 있었어. 그리고 해마다 조금씩 물세를 갹출(같은 목적을 위하여 여러 사람이 돈을 나누어 냄)해 만석보를 관리하고 보수하는 데 사용하곤 했지. 그런데 조병갑이 고부 군수로 부임한 이후 동진강 하류에 필요하지도 않은 새로운 보를 쌓게 한 뒤, 엄청난 액수의 물세를 징수해 한꺼번에 쌀 700여 섬을 착복(남의 것을 부당하게 자기 것으로 함)해 버렸어."

"그래서 백성들이 들고 일어난 거예요?"

"1893년 12월, 농민들은 우선 동학 고부 접주 전봉준을 대표로 삼아 두 차례에 걸쳐 조병갑에게 과중한 물세에 대한 시정을 요구했어. 하지만 조병갑이 들은 체도 하지 않자 모두들 한마음이 되어 봉기를 하기로 결의하게 된 거야."

전봉준은 동지 20명과 함께 각 마을의 지도자들에게 보내는 사발통문을 작성해 봉기를 약속했답니다. 사발통문이란 넓은 종이 가운데 사발을 엎어놓은 뒤 제각각 바깥쪽을 향해 이름을 써서 맹약을 하는 방법인데, 만약에 발각이 되더라도 누가 주모자인지 알 수 없게 하기 위해 그런 통문을 만들었다고 하네요.

외삼촌은 사발통문의 구체적인 내용을 다음과 같이 요약해 주었어요.

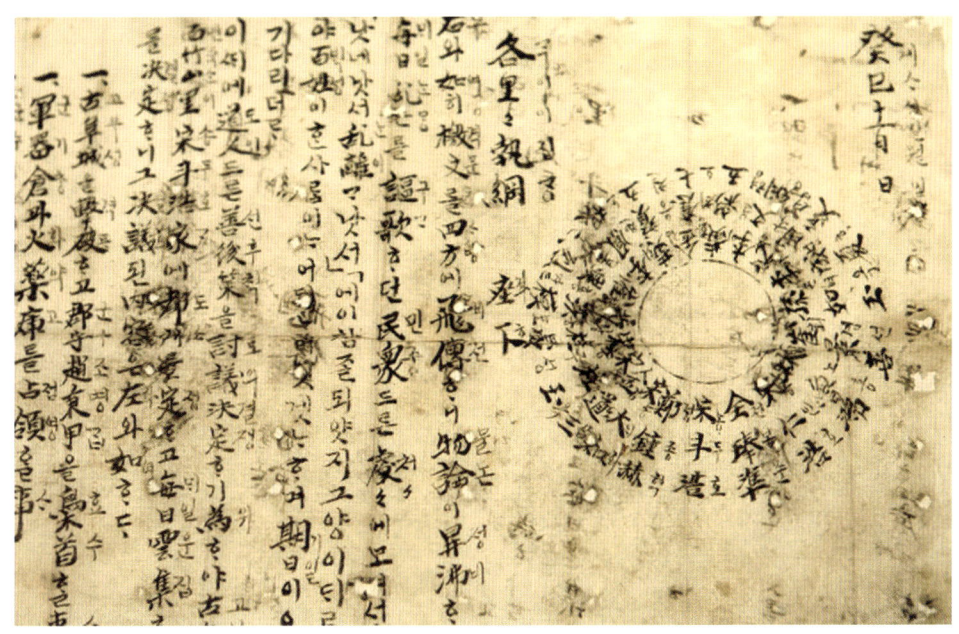

사발통문 · 국립중앙박물관

첫째, 고부성을 격파하고 군수 조병갑을 효수한다.

둘째, 군기창의 화약을 압수해 봉기군이 보관한다.

셋째, 군수에게 빌붙어 백성을 괴롭힌 관리는 발견 즉시 혼내 준다.

넷째, 전주영을 함락한 뒤 도성으로 올라간다.

농민 봉기가 언제 시작되었는지 답답해진 재윤이가 물었어요.

"사발통문으로 결의를 한 뒤 곧바로 봉기를 한 거예요?"

조바심을 내는 재윤이를 지긋이 바라보며 외삼촌이 입을 열었어요.

"1894년 2월 10일, 전봉준은 전라도와 충청도에서 모여든 농민군

1천여 명을 이끌고 고부 관아를 습격해 조병갑이 불법으로 징수해 착복한 물세 700여 섬을 되찾아 농민들에게 돌려주었어. 나아가 고부 관아를 점령한 전봉준은 조정에 '조병갑이 저지른 갖가지 횡포가 재발되지 않도록 조치할 것'을 요구했고, 조정으로부터 잘못된 점을 시정하겠다는 약속을 받은 뒤 10여 일 만에 해산했단다."

"고부 농민 봉기는 그렇게 끝난 거예요?"

"그렇게 마무리되었으면 동학 농민 운동이 일어나지 않았겠지. 고부 농민 봉기로 조병갑의 죄상을 알게 된 조정에서는 가까스로 농민군을 피해 전주영에 몸을 숨기고 있던 그를 체포해 파면한 뒤 귀양을 보냈어. 나아가 박원명을 신임 고부 군수로 임명하고 이용태를 안핵사로 보내 사태의 뒷수습과 함께 백성들을 위로하라는 명령을 내렸지. 그런데 안핵사 이용태가 사후 처리를 핑계로 동학교도를 가혹하게 탄압하는 등 온갖 악행을 일삼아 동학교도는 물론, 모든 고부 군민들을 분노하게 했단다."

"아, 그래서 고부 농민 봉기가 동학 농민 운동으로 발전하게 된 거네요?"

"그렇지."

"동학교도들은 물론, 농민들의 분노가 하늘을 찌르자 동학 고부 접주 전봉준은 무장현 대접주 손화중에게 연락을 취했어. 나아가 주변 고을의 접주들과도 선이 닿아 행동을 함께 하기로 했지. 그리고 1894년 4월, 전봉준·손화중·김기범·최경선 등 동학 접주들이 무장현에 모여 이번 봉기의 목적은 탐관오리 숙청과 보국안민輔國安民(나랏일을 돕고 백성을 편안하게 함)에 있음을 알리는 '무장포고문'을 선포했단다. 그러자 불과 10여 일 만에 1만 명이 넘는 농민들이 몰려들어 봉기군에 합세했는데, 동학교도와 농민들의 본격적인 결합은 이때부터 시작된 거야. 나아가 전봉준은 동학 농민군의 지도자가 되어 녹두 장군으로 불리게 되었단다."

"이번에는 조정에서 어떤 조치를 취했어요?"

"고부 농민 봉기 때보다 훨씬 규모가 큰 동학 농민군이 봉기했다는 소식을 접한 조정에서는 도성을 방어하기 위해 설치한 군영 중 하나인 장위영을 파견해 동학 농민군을 진압하게 했어. 하지만 정읍 황토현 전투에서 승리한 동학 농민군은 태인·부안·고창·정읍·흥덕·영광·함평·장성·나주·장흥 등 전라도 일대에서 잇따라 관군을 무찌른 뒤 전주성까지 점령해 버렸지."

"동학 농민군이 연승을 거두어 나간 거네요!"

"하지만 그 이후 몇 차례 공방을 주고받으면서 팽팽한 전선이 형성되자 조정에서는 청나라에 원군을 요청했고, 1894년 5월 5일 청나라 군대가 아산만에 상륙했단다."

"동학 농민 운동 때문에 청나라 군대까지 동원되었다고요?"

"그뿐만 아니라 5월 9일에는 조선에 대한 청나라와 일본의 동등 파견권을 인정한 톈진 조약에 의거해 일본군까지 우리 땅에 발을 딛게 되었어."

"세상에! 동학 농민 운동으로 인해 자칫하면 국제 규모의 전쟁이 터질 수 있는 상황으로 치달은 거네요!"

"그렇지. 전봉준 역시 그와 같은 분위기를 인식하고 있었어. 그래서 전주에서 관군 지휘관을 만나 담판을 벌인 끝에 그동안 동학교도와 농민들에게 가해진 적폐를 개혁한다는 '전주 화약'을 맺었단다. 오랜 세월 동안 무고한 백성들이 받았던 고통을 해소하는 것도 중요하지만, 나라의 안위를 생각하지 않을 수 없었기 때문이었지."

"전주 화약이라는 게 뭔데요?"

"전주 화약은 동학 농민군과 관군이 화합을 전제로 한 약속이야."

외삼촌은 미리 준비해 둔 인쇄물을 나누어 주었어요. 서연이는 '폐정 개혁안'을 꼼꼼하게 읽어 보았어요. 그 속에 동학교도와 농민들의 희망 사항이 담겨져 있을 테니까요.

1. 동학교도와 조정은 숙원宿怨(오랫동안 품고 있는 원한)을 없애고 공동으로 나랏일에 협력한다.
2. 탐관오리의 죄상을 자세히 조사해 처리한다.
3. 횡포한 부호를 엄중히 처벌한다.
4. 불량한 유림과 양반을 징벌한다.
5. 노비 문서를 불태운다.
6. 천인의 대우를 개선하고, 백정들에게 쓰게 한 평량갓을 폐지한다.
7. 청상과부의 재혼을 허가한다.
8. 쓰임새를 알 수 없는 여러 세금을 폐지한다.
9. 관리 채용에 있어서 지체(신분이나 지위)와 문벌을 따지지 않고 인재를 등용한다.
10. 일본과 상통하는 자를 엄벌한다.
11. 지금까지 농민들이 진 공사채를 모두 면제한다.
12. 토지는 균등하게 나누어 경작하게 한다.

화약을 맺은 이후 관군은 전주에 소수의 부대만을 남기고 철군했답니다. 동학 농민군 역시 철군한 뒤 해산했고요. 그러나 조정의 권위가 실추되어 군현의 행정이 혼란스러워지자 전라감사 김학진과 전봉준이 만나 호남 지방의 각 군현에 농민 자치 기구인 집강소를 설치하기로 의견을 모았어요. 조정과 백성이 힘을 모아 나랏일을 살피기로 한 거예요.

얼굴에 웃음꽃이 활짝 핀 재윤이가 큰 목소리로 외쳤어요.

"우와! 이건 순전히 농민들의 힘으로 민주 정치를 시작하게 된 거네요! 동학 농민군이 완벽한 승리를 거둔 거예요!"

하지만 외삼촌이 고개를 저으며 입을 열었어요.

"동학 농민 운동은 아직 끝나지 않았어."

"예? 농민 자치 기구까지 설치해 민정을 보살피게 되었다면서요?"

"문제는 동학 농민군의 봉기를 기회로 조선 땅에 들어온 일본군이었어."

"일본군이 왜요?"

"조선에 들어온 일본 군부 세력은 동학 농민군이 해산했음에도 불구하고 돌아가지 않은 채 내정 간섭을 강화하면서, 6월 초에는 김홍집을 중심으로 한 친일 내각을 설립해 내정 개혁을 강요했어. 또한 6월 21일에는 경복궁에 침입해 고종을 감금했고, 6월 23일에는 청·일 전쟁을 일으키는 등 남의 집에 쳐들어와 뻔뻔하게 주인 행세를 하기 시작했지."

"그래서 동학 농민군이 또 봉기한 거예요?"

"일본의 만행 소식을 들은 전봉준은 2차 봉기를 결심했어. 그리고

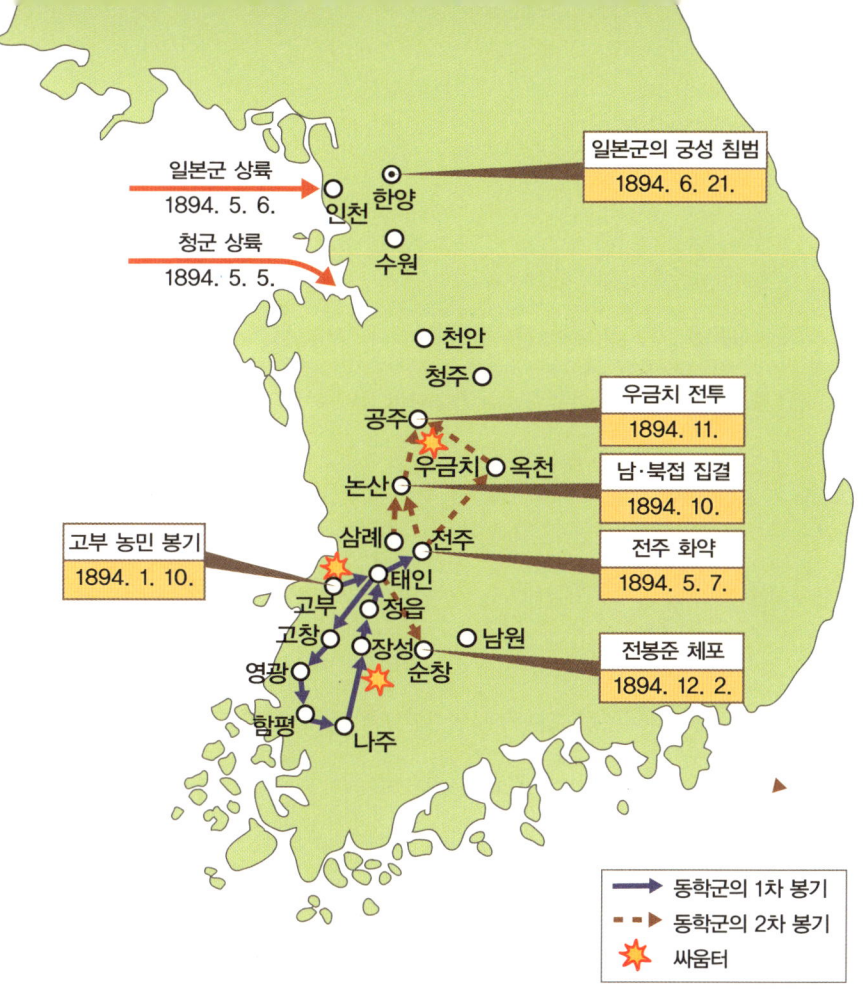

　1894년 9월 중순 전라도 삼례에서 봉기한 동학 농민군은 항일 구국을 앞세우며 도성을 향해 움직이기 시작했지. 그러자 전라도 전역에서 청년들이 몰려들어 동학 농민군의 규모는 순식간에 10만 여 명에 이르렀다고 하는데, 그 소문이 꼬리에 꼬리를 물고 퍼지면서 항일 운동이 충청·경상·강원 등 전국 각지로 확산되어 나갔단다."

　"조정에서는 어떤 반응을 보였어요?"

　"이미 친일 내각이 구성되어 있었으므로 군대를 파견해 동학 농민군의 북진을 저지하는 한편, 일본에게는 대규모 부대를 보내 동학 농민군을 진압해 줄 것을 요청했어."

"헐! 백성들이 내 나라를 지키겠다며 일어섰는데, 조정에서는 오히려 일본군을 끌어들여 진압하게 하다니……."

"관군과 일본군의 개입으로 공주와 수원을 거쳐 도성으로 향하려던 계획이 무산되자, 전봉준이 이끌던 남접 농민군과 손병희가 이끌던 북접 농민군이 논산에 집결했어. 그 이후 동학 농민군과 관군은 여러 차례에 걸친 전투와 공방전을 주고받았지. 하지만 동학 농민군은 일본군이 보유하고 있는 우세한 화력에 밀려 고전을 면치 못했고, 11월 초에 벌어진 우금치 전투에서 대패하고 말았단다."

"흐으! 혹시나 하는 기대가 있었는데, 결국은……."

그 이후에 벌어진 금구 전투에서도 승리는 동학 농민군의 몫이 아니었답니다. 그래서 결국 동학 농민군의 봉기는 관군과 일본군에 의해 진압되고 말았던 거예요. 물론 그 뒤로도 전라도 순천과 황해도, 그리고 강원도 등에서 동학 농민군의 봉기가 있었대요. 하지만 주력 부대가 패배한 까닭에 오래 버틸 수가 없었다고 해요.

한편, 동학 농민군을 이끌었던 녹두 장군 전봉준은 금구와 원평을 거쳐 정읍으로 숨어들어와 몸을 피한 뒤, 동지 김덕명·최경선 등과 함께 세 번째 봉기를 위한 계획을 세우고 있었답니다. 하지만 옛 부하였던 김경천의 밀고와 함께 관군의 습격을 받아 체포된 뒤 도성으로 압송되었어요.

그리고 이듬해인 1895년 4월 23일, 전봉준은 동지 김덕명·성두

체포되어 한성부로 압송되는 전봉준(교자에 포박되어 앉아있는 이)@Wikimedia Commons

환·최영남·손화중 등과 함께 교수형을 받아 파란만장한 삶을 마치면서 동학 농민 운동은 실패로 끝나고 말았어요. 하지만 고부 농민 봉기를 씨앗으로 약 1년 동안 꽃피웠던 동학 농민 운동은 항일 의병 항쟁으로 이어졌고, 그 숭고한 정신은 3·1 독립 운동으로 계승되었답니다.

재미있는 우리 역사, 돋보기로 살펴보기 9
삼일천하가 되어 버린 개화파의 갑신정변

일본식 군제를 도입하고 신식군대인 별기군을 창설한 뒤 눈에 띌 만큼 좋은 대우를 해 주자, 분노한 기존의 군영 소속 병사들이 들고 일어나 민씨 정권의 측근 세력을 살해하고 일본 공사관을 습격하는 '임오군란(1882년)'이 일어났어요.

임오군란 이후 일본에 비해 힘의 우위를 점하게 된 청나라는 조선의 내정에 깊이 개입하게 되었고, 그에 따라 반청 여론이 들끓기 시작했지요. 이에 김옥균·박영효·홍영식·서광범·서재필 등 급진 개화파 인사들이 청나라에 의지하려는 보수파 정권을 타도하기 위해 일본 공사에게 병사 수백 명을 지원받아 정변을 일으켰어요.

개화파는 1884년 10월 17일, 홍영식이 주관한 우정국 개국 축하 만찬회를 이용해 '갑신정변'의 거사를 도모했어요. 연회가 시작될 즈음 불을 지른 다음 혼란을 틈타 보수파 인사들을 모조리 죽이려 했지만, 민영익만 중상을 입고 실패하고 말았지요.

이에 마음이 다급해진 개화파는 곧바로 창덕궁으로 달려가 고종에게 보수파와 청나라 군대가 반란을 일으켰다고 거짓을 고한 뒤 임금을 경운궁으로 옮겨 모셨어요. 그리고 미리 대기하고 있던 일본군에게 궁을 호위하게 한 다음, 날이 밝자마자 임금을 알현하기 위해 찾아온 보수파 대신 민영목·민태호·조영하 등의 목숨을 빼앗아 버렸답니다. 개화파는 그 이튿날 각국 공사와 영사들에게 새로운 조정이 성립되었다는 소식을 전한 뒤 문벌 폐지와 인민 평등권 확립, 관제 및 토지세 개혁, 재정의 일원화 등 14개 항목의 정강 정책을 내세웠어요. 그런데 그 정책을 공식적으로 발표하기도 전에 청나라 군대가 출동해 창덕궁을 공격하는 바람에 개혁파의 집권은 사흘 만에 끝나고 말았지요. 이후 김옥균과 박영효 등은 일본으로 망명했고, 청·일 두 나라의 조선 쟁탈전은 더욱 뜨거워졌답니다.

2

서구 열강의
등장과
흔들리는 조선왕조

4
열강의 경쟁과 흐들리는 조선왕조

●

중·고등학교 교과서 관련 단원

• 중학교 역사 교과서 :
〈단원 6-4 조선 후기의 정치 변동〉

• 고등학교 한국사 교과서 :
〈단원 4-6 조선을 두고 열강이 경쟁하다〉

갑오개혁과 을미사변, 그리고 아관 파천

갑오개혁은 1894년 7월에 시작되어 1896년 2월에 이르기까지, 약 1년 반 동안 추진되었던 세 차례의 개혁을 일컫는 말이랍니다. 흔히 갑오경장으로 불리는 이 개혁에는 을미사변이 계기가 된 제3차 개혁도 포함되어 있는데, 이를 따로 떼어 내 을미개혁이라 부르기도 한답니다.

20세기를 눈앞에 둔 고종 집권 후반부에 이르러, 나라 전체에 엄청난 변화를 몰고 왔던 갑오개혁에 대한 외삼촌의 이야기가 시작되었어요.

"동학 농민 운동을 진압하기 위해 조선 조정이 청나라에 원병을 요청한 것이, 톈진 조약에 따라 일본군이 한반도에 들어오는 빌미를 주었다는 사실은 이미 알고 있을 거야. 이에 두 나라의 은밀한 속셈을 눈치 챈 동학 농민군 지도자 전봉준은 청나라 군대와 일본군이 조선 땅에 주둔할 명분을 주지 않기 위해 폐정개혁안을 제시했고, 조선 조정이 동학 농민군의 요구를 수락함과 동시에 양측의 군사들이 철수하거나 해산했으므로 두 나라의 병력은 더 이상 조선에 머무를 이유가 없어지게 되었어."

오랜만에 은서 언니가 입을 열었어요.

"그래서 청나라는 일본에게 두 나라 군사를 동시에 철수시키자고 제안했지요. 하지만 메이지 유신의 성공으로 근대화에 성공한 일본은 임진왜란 이후 오랜 숙원宿願(오래전부터 품어 온 염원)이었던 대륙 진출의 꿈을 실현하기 위해 양국이 나서서 조선의 내정을 개혁시키자는 엉뚱한 제안을 했고, 청나라가 이를 거부하면서 청·일 전쟁이 벌어지게 된 거잖아요."

"그렇지. 일본은 그 이후 조선의 왕궁을 포위한 뒤 권력 투쟁에서 밀려나 은거하고 있던 흥선 대원군을 앞세워 조정의 요직을 차지하고 있던 민씨 세력을 몰아내 버렸어. 나아가 온건 개화파 김홍집 중심의 친일

정부를 구성한 뒤 1894년 7월 27일부터 1894년 12월 17일까지 개혁을 추진했는데, 이를 제1차 개혁이라고 한단다."

국내 문제와 나라 밖 문제가 뒤엉켜 복잡한 양상을 보이자 양미간을 찌푸린 채 두 눈을 끔벅이고 있던 재윤이가 질문했어요.

"일본이 무엇 때문에 조선을 개혁하려 한 건데요?"

"일본이 대륙 침략을 하기 위해서는 지리적으로 조선을 거쳐 지나갈 수밖에 없는데, 그와 관련된 조선의 관련 법규나 제도를 고치지 않고서는 불가능한 일이었거든."

"아, 그런 꿍꿍이가 있었구나!"

"두 나라 사이에 열린 첫 회담에서 일본 공사 오토리 게이스케가 5개 조항의 개혁안을 제출했어. 하지만 조선은 우리 조정의 교정청에서 실정에 맞는 개혁을 하고 있다면서 거절했지. 그 이후 1894년 7월부터 대원군의 섭정과 함께 친일 성향의 김홍집 내각이 구성되었고, 이들은 개혁을 실행에 옮기기 위한 군국기무처라는 임시 합의기관을 만든 뒤 김홍집을 비롯한 17명의 위원을 임명했단다."

"어떤 내용의 개혁을 추진했는데요?"

"군국기무처는 약 3개월 동안 208건의 개혁안을 심의하고 의결했는데, 행정·사법·교육·사회 등 나랏일의 모든 분야를 포함하고 있었어. 여기에서 특히 주목할 만한 점은 조선이 개국 기원을 사용해 청나라와 동등한 국가임을 강조했다는 사실이야."

"개국 기원이라는 게 뭔데요?"

"조선이 건국된 해인 1392년을 원년으로 삼아 년도를 계산하기로 했다는 뜻이야. 이를테면 갑오개혁을 시작한 1894년은 개국 503년이 된 셈이지."

"그건 속이 뻔히 들여다보이네요. 일본 놈들이 '앞으로는 청나라 눈치를 볼 필요 없다.'고 부추겨서 시행하게 된 거라는 사실 말이에요."

외삼촌이 고개를 끄덕이며 이야기를 이어갔어요.

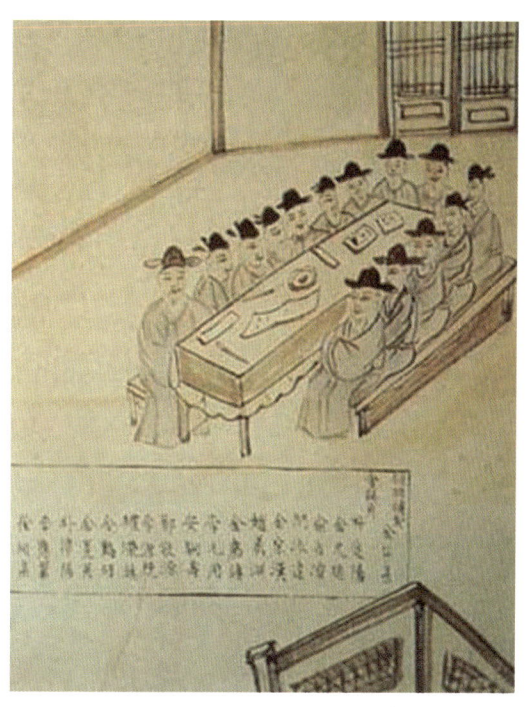

군국기무처 회의 모습

"나아가 군국기무처는 임금의 인사권과 재정권, 그리고 군사권 등을 대폭 축소한 뒤, 의정부 중심의 중앙 집권적 권력 체계로 재정비했어. 또한 과거 제도를 폐지하고 6조를 8아문으로 개편했으며, 행정에 귀속되어 있던 치안을 따로 떼어 내 도성에 경무청을 설치하고 지방은 경무관을 배치해 경찰권을 구분했단다."

"예상했던 대로 점점 일본화 되어가는 거네요."

"그 이외에도 국가 재정을 탁지아문으로 일원화, 조세 금납제, 도량형 통일, 신분제 폐지, 연좌제 폐지, 조혼 금지, 과부 재가 허용 등 조선 사회의 오랜 폐단이었던 제도와 관습 역시 개혁의 대상이었지."

"그래도 백성들이 좋아할 만한 몇 가지가 포함되어 있네요!"

제2차 개혁은 갑신정변 이후 일본에서 망명 생활을 하던 박영효가 내무대신으로 임명되면서 시작되었답니다. 김홍집과 박영효의 연립 내각이 구성되면서 두 번째 개혁에 착수한 것이지요.

"1894년 12월 17일부터 1895년 7월 7일까지 진행되었던 제2차 개혁은 내각제가 도입되었고, 8아문을 7부로 개편했어. 오늘날 국무위원인 장관이 이끌고 있는 각 부처럼 외부·내부·탁지부·군부·법부·학부·

농상공부 등 7개 부가 등장했지. 또한 지방 행정 구역은 전국 8도를 23부 337군으로 개편했으며, 지방관이 갖고 있던 사법권을 회수해 독립시키는 등 근대적인 관료 체제를 마련했지. 관리들의 녹봉이 매달 일정한 날짜에 지급되는 월봉으로 자리 잡은 것도 이때부터였단다."

"지방관한테 회수한 사법권은 누구한테 갔어요?"

"행정에서 분리해 재판소를 두었어. 재판은 2심제가 채택되었는데, 1심 재판소는 지방 재판소와 개항장 재판소가 있고, 2심 재판소는 고등 재판소와 순회 재판소를 두기로 했지. 다만 왕족에 대한 형사 재판은 특

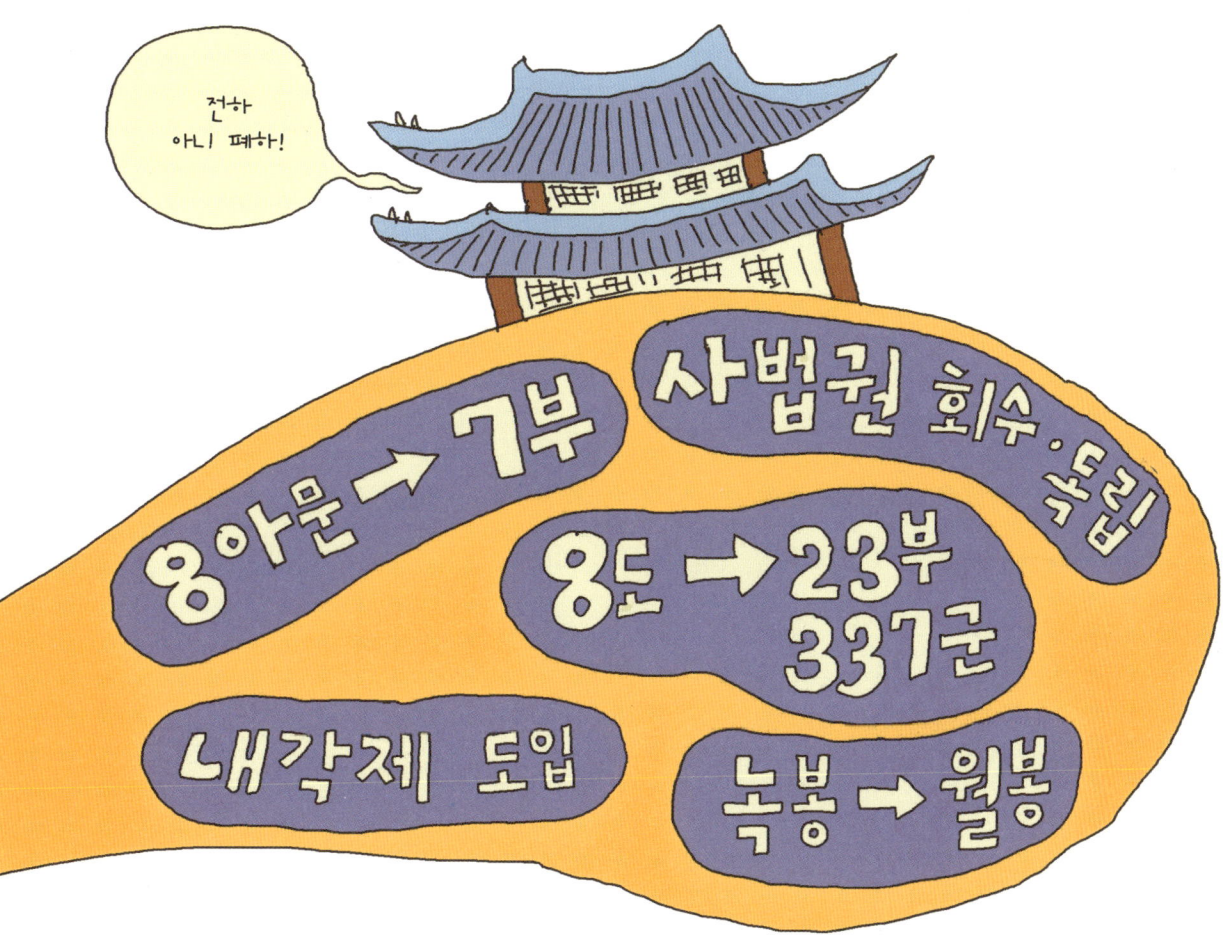

별 법원이 담당하기로 했단다. 그리고 이때 왕실에 대한 존칭도 바뀌었는데, 전하가 아닌 폐하, 왕비 대신 왕후, 세자는 태자라 부르게 된 거야."

"제2차 개혁은 일본에 유리한 내용보다는 긍정적인 요소가 많이 포함되어 있네요."

"하지만 제2차 개혁을 주도적으로 추진하던 박영효가 일본은 물론 고종과 명성황후의 눈 밖에 나는 바람에 음도불궤죄 陰圖不軌罪(몰래 반역을 도모한 죄)의 혐의를 받고 내각에서 쫓겨나 일본으로 망명하면서 끝나고 말았어."

그런데 1895년 8월 20일, 을미사변이 터지고 말았어요. 일본 정부의 지시를 받은 주한 일본 공사 미우라 고로가 일본 낭인들을 궁중에 침투시켜 명성황후를 무참히 살해해 버린 거예요.

하지만 조선 조정의 내각은 김홍집을 중심으로 유길준·서광범·정병하·김종한·권형진 등 친일파로 구성되어 있었기에, 일본의 명성황후 시해에 대해 항의하지 못하고 폐비시키는 조칙을 발표하여 국민들의 반발을 초래했어요. 그리고 1895년 8월 24일부터 1896년 2월 11일까지 을미개혁으로 불리는 제3차 개혁을 추진하게 되지요.

"제3차 개혁은 태양력 사용, 종두법 시행, 우편제도 실시, 소학교 설립, 건양 연호 사용, 군제 개혁(서울에 친위대, 지방에 진위대 설치), 단발령 시행 등이었어. 그런데 여기서 단발령이 문제로 부각되었지. 나라에서 강제적으로 단발령을 시행하자 전국 각지에서 반일 운동과 반개화 운

동이 벌어지기 시작한 거야."

은서 언니가 고개를 끄덕이며 중얼거렸어요.

"아무래도 신체발부수지부모身體髮膚受之父母라는 말의 영향력이 큰 시대였으니……."

재윤이가 무슨 말이냐는 듯 눈을 동그랗게 뜨며 물었어요.

"신체발부… 그게 무슨 말인데?"

"신체발부수지부모라는 말은 공자님의 가르침으로, '몸의 털과 살갗은 부모에게서 받은 것이다.' 즉 부모님께 물려받은 신체를 소중히 여기는 것이 효도의 시작이라는 말이야."

"아, 그렇구나!"

그래서 세 차례에 걸친 개혁은 끝을 맺게 되었답니다. 외삼촌은 갑오개혁이 봉건 사회가 지닌 문제점들을 해결하려는 사회적 요구를 반영하고 있다는 측면에서는 긍정적이지만, 일본이 대륙 진출과 조선 침략의 일환으로 주도했던 개혁이었던 만큼 백성들에게 전폭적인 지지를 얻지는 못했다고 설명해 주었어요.

한편 을미사변으로 국모를 잃을 상태에서 단발령까지 강제로 밀어붙이자, 전국 각지에서 일본과 친일 내각을 반대하는 의병 항쟁이 일어나기 시작했답니다. 이에 이범진과 이완용 등 친러파는 신변에 위협을 느낀 고종의 허락을 받고 러시아 공사 베베르를 몰래 만나 상의한 뒤, 1896년 2월 11일 새벽 임금의 거처를 극비리에 러시아 공사관으로 옮겼어요.

"아관 파천이라고 부르는 이 사건이 일어나기 직전, 러시아 공사 베베르는 인천에 주둔하고 있던 러시아 병사 150명과 포 1문을 서울 정동에 있는 공사관으로 이동시켜 미리 고종의 안전을 확보해 놓았단다. 나라의 최고 권력자인 임금이 수십 년 동안 살아왔던 궁궐이 더 이상 안전하지 않은 곳이라고 판단했고, 그래서 외국 공간으로 숨어들어 보호를 요청하는 어처구니없는 일이 벌어지고 말았던 거야."

서연이는 힘없는 나라의 임금 고종이 불쌍했어요.

"일본 칼잡이들이 궁궐까지 쳐들어와 만백성의 어머니라는 국모의

목숨을 빼앗아 갈 지경이었으니, 당연히 불안한 마음이 생겼겠지요. 그렇다고 해서 몰래 러시아 공관으로 몸을 피한 건 바람직하지 않은 판단이라고 생각이 들지만 말이에요."

이어서 은서 언니가 말했어요.

"어쩌면 고종은 아관 파천을 통해서 하늘 높은 줄 모르고 설치고 있는 친일파들을 몰아내고 싶었는지도 모를 일이지요."

외삼촌이 고개를 끄덕이며 대답했어요.

"괘씸하고 분한 생각이 들었겠지. 그래서였는지 러시아 공사관에 도착한 고종은 대표적인 친일파 총리대신 김홍집을 비롯해 유길준·정병하·조희연·장박 등 다섯 명을 역적으로 규정한 뒤, 모조리 체포해 처형하라는 명령을 내렸어. 그와 동시에 도성 곳곳에 백성들의 분노를 부추기는 방이 붙었고, 고종이 역적으로 지목한 대신들의 이름과 함께 백성들의 힘으로 참수하자는 구호까지 나돌게 되었지."

재윤이가 눈동자를 반짝 빛내며 외쳤어요.

"조선판 촛불 시위가 시작된 거네요!"

"임금의 아관 파천 소식을 들은 백성들의 분노는 극을 향해 치달았어. 그 결과 일을 마치고 퇴청하던 김홍집과 정병하를 광화문 앞에서 붙잡아 현장에서 타살해 버렸고, 가까스로 몸을 피한 탁지부대신 어윤중 역시 이튿날 붙잡혀 목숨을 잃었단다. 그러나 유길준·조희연·권형진·우범선 등은 일본의 철통같은 보호 아래 현해탄을 건너 목숨을 건질 수 있었지."

은서 언니가 씨익 웃으며 말했어요.

"고종 입장에서 보면 수치를 감수하고 던진 아관 파천이라는 승부수로 친일파를 단번에 몰아내는 데 성공한 셈이네요!"

"결과적으로는 그렇구나. 갑오개혁 이후 나라를 좌지우지했던 친일 내각의 몰락과 함께 조선 조정의 내각은 박정양·이완용·조병직·이윤용·윤용구·이재정 등 친러시아 및 친미국파 인사들로 채워졌어. 나아가 새롭게 구성된 내각에서는 단발령 시행으로 시작된 의병 항쟁으로 옥살이를 하게 된 백성들을 석방해 민심을 다독이고, 갑오개혁을 추진하면서 내각으로 바꾸었던 조정의 편제를 다시 의정부 제도로 복귀시켰단다."

"친일 내각이 붕괴된 이후에도 고종은 러시아 공사관에서 머물렀어요?"

"그야말로 하루아침에 조선에서 갖고 있던 모든 정치적 기반을 잃어버린 일본은 '독립 국가인 조선의 국왕에 타국의 공사관에 의탁한다는 것은 부끄러운 일'이라며 환궁을 요청했어. 하지만 고종은 '당분간은

고종 어진 · 국립중앙박물관

환궁할 의사가 없다.'며 단호하게 거절해 버렸지."

"일본의 위협에서 벗어난 대신, 러시아의 영향력은 강해졌겠지요?"

"옳은 얘기다. 러시아는 고종의 아관 파천 이후 조선 왕실을 보호하고 있다는 명분을 앞세워 압록강 연안과 울릉도의 삼림을 채벌할 수 있는 권리를 비롯해, 여러 지역의 광산 채굴과 경원전신선을 시베리아 전선에 연결하는 권리 등을 차지해 막대한 경제적 이익을 챙겼어. 그러자 미국과 유럽의 여러 나라들도 러시아와 같은 권리를 요구했고, 그 결과 미국은 경인선 철도 부설권을, 프랑스는 경의선 철도 부설권을 가져가

는 등 조선은 서구 열강의 손쉬운 먹잇감이 되어 갔단다."

"일본을 피했더니, 러시아가 버티고 있었네요!"

고종은 1896년 2월 11일부터 1897년 2월 25일까지 약 1년여에 걸쳐 러시아 공사관에 머물렀답니다. 그 기간 동안 조선 조정은 러시아의 절대적인 영향을 받게 되어 조정 각 부처에 러시아 고문이 상주하면서 상전 노릇을 하는가 하면, 군사 제도 역시 러시아식으로 개편한 뒤 무기까지 러시아에서 구입하는 등 러시아 사람들에 의해 국정이 농단되었다고 해요.

"그런 가운데 고종은 대내외적으로 더 늦기 전에 환궁해야 한다는 압력을 받기 시작했어. 그래서 고종은 1897년 2월 25일 러시아 공사관을 떠나 경운궁으로 환궁했지. 명성황후가 세상을 떠난 경복궁이 아닌, 오늘날 덕수궁이라 부르고 있는 경운궁으로 돌아온 거야."

"늦었지만 다행이네요."

약 1년 동안의 아관 파천을 끝낸 고종은 궁궐로 돌아와 국호를 '대한 제국'이라 하고, 연호를 '광무'로 고쳐 황제 즉위식을 하면서 우리나라가 독립 제국임을 만천하에 알렸답니다. 지금은 비록 나라에 힘이 없어 이리저리 치이는 신세가 되었지만, 어떻게든 홀로서기를 하기 위해 발버둥을 치기 시작한 것이지요. 조선의 국호를 대한 제국으로 바꾸고, 황제국임을 선포했다고 해서 달라진 것은 아무것도 없었지만 말이에요.

재미있는 우리 역사, 돋보기로 살펴보기 10

우리나라 최초의 근대적 사회·정치 단체 - 독립협회

독립 협회는 1896년 7월 서재필이 중심이 되어 설립된 단체에요. 우리나라 최초의 근대적 사회·정치 단체로, 자주 독립과 민주 정치를 표방하고 있지요. 독립 협회는 이상재·이승만·윤치호·남궁억·안창호 등 다수의 쟁쟁한 인물들이 적극적으로 참여해 혁신 운동을 일으켰는데, 전국 각지 젊은 지식층과 기독교인들이 모여들어 금세 큰 세력이 되었답니다.

독립 협회는 또한 기관지로 독립신문을 발행했는데, 서재필이 주간을 맡아 계몽 활동과 나라의 자주 독립을 위한 여론 형성에 애썼어요. 나아가 영은문(조선 시대에 중국에서 오는 사신을 맞아들이던 문)을 헐고 독립문을 세운 뒤, 근처에 있던 모화관(조선 시대에 중국 사신을 영접하던 곳)의 이름을 독립관으로 바꾸어 사용하기도 했지요. 1898년 10월에는 종로 네거리에서 만민 공동회를 열고, 시국에 관한 6개 조의 개혁안을 황제에게 건의하는 등 적극적인 혁신 운동을 전개했어요. 그래서 보수 세력이 집권하고 있던 조정과 맞부딪칠 수밖에 없었지요.

그 결과 조정의 사주를 받은 황국 협회(1898년에 홍종우를 비롯한 보수 세력이 보부상을 동원하여 만든 단체)의 무고(사실이 아닌 일을 거짓으로 꾸미어 고소하거나 고발하는 일)로 이상재와 남궁억 등 독립 협회의 간부 17명이 체포되어 감옥에 갇히게 되었어요. 또한 황국 협회를 위해 활동하던 천여 명의 보부상들이 독립 협회를 습격하는 사태가 발생하기도 했지요.

이에 고종은 내각을 개편하는 한편, 독립 협회와 황국 협회의 해산을 명령했어요. 하지만 독립 협회는 만민 공동회라는 이름으로 1년 동안 존속하다 해산했는데, 그 이후로도 독립 협회의 정신은 대한 자강회와 대한 협회로 이어졌답니다.

"나는 대한의 가장 천한 사람이고 무지몰각합니다. 그러나 충군애국의 뜻은 대강 알고 있습니다. 이에 나라를 이롭게 하고 백성을 편안하게 하는 길인즉, 관민이 합심한 연후에야 가하다고 생각합니다. 저 차일에 비유하건대, 한 개의 장대로 받친 즉 역부족이나, 많은 장대를 합한 즉 그 힘이 공고합니다. 원컨대, 관민이 합심하여 우리 황제의 성덕에 보답하고 국운이 만만세 이어지게 합시다."

– 백정 박성춘의 만민 공동회 연설

러·일 전쟁과 한·일 협약, 그리고 치욕의 을사조약

1904년 2월 8일, 일본 함대가 중국 랴오둥 반도(요동반도) 남서쪽 끝에 있는 뤼순 군항을 공격했어요. 만주와 대한 제국에 대한 지배권을 놓고 당사국이 아닌 주변 나라 러시아와 일본 사이에 전쟁이 터진 거예요.

외삼촌이 러·일 전쟁에 대한 이야기를 들려주었어요.

"일본은 사실 몇 년 전부터 러시아와 한 판 붙을 만반의 준비를 끝내 놓고 있었어. 외세 침략에 반대하는 중국 백련교의 무술인들이 의화단을 구성해 베이징에 주재하고 있던 서구 열강의 외국 공사관을 공격한 1900년의 의화단 사건을 계기로 러시아가 만주에 진출하면서 남하 정책을 추진하자, 일본은 호시탐탐 러시아를 공격할 때를 기다리고 있었던 거야."

은서 언니가 외삼촌의 설명을 거들었어요.

"한반도와 만주는 대륙 진출을 꿈꾸고 있던 일본 입장에서 절대로 양보할 수 없는 요충지였으니, 어떻게든 지배권을 갖고 싶었겠지요."

"그래서 일본은 1904년 2월 4일 러시아에 전쟁을 선포했어. 그리고 나흘 뒤에는 뤼순에 정박해 있던 러시아의 함대를 공격하는 한편, 육군 선발대는 인천에 상륙해 서울로 진입하기 시작했지. 또한 2월 9일에는 일본군과 러시아 함대가 인천 앞바다에서 교전을 하기에 이르렀단다."

외삼촌의 이야기에 심통이 잔뜩 난 재윤이가 투덜거렸어요.

"전쟁을 하려거든 자기네들 땅에서 할 일이지, 일본은 왜 자꾸 우리나라 영토에서 못된 짓을 하는 걸까요?"

"그러게 말이다. 섬나라는 본디 세력이 약할 때는 꼼짝도 하지 않은 채 웅크리고 있다가, 힘을 충분히 키운 이후에 움직이기 때문에 전쟁에서 패한다고 하더라고 자국의 국토는 별다른 피해를 입지 않아. 그 대신 우리나라처럼 지리적으로 징검다리 역할을 할 수밖에 없는 반도 국가는 국력이 약할 경우 대륙국에 치이고 섬나라에 치여 곤욕을 당하고는

하지."

"결론은 우리의 국력을 키우는 방법밖에 없네요!"

"바로 그거야! 역사를 공부하는 여러 이유 중 하나가 그런 깨우침을 얻기 위해서이기도 하지. 여하튼 한반도를 거쳐 만주로 진격한 일본 육군은 악전고투惡戰苦鬪 끝에 1905년 1월 뤼순 요새를 정복하고, 곧이어 심양까지 손에 넣었어. 게다가 일본 해군은 1905년 5월 대한해협에서 러시아의 발틱 함대를 무찔러 완승을 거두었단다."

"일본이 전쟁 잘하는 건 인정하지 않을 수가 없다니까요!"

"일본은 12세기 말부터 19세기 중반까지 무려 700년 이상 막부 시대를 경험했어. 오직 싸움 잘하는 무사만이 권력을 유지할 수 있는 전쟁통에서 그 오랜 세월을 살았으니, 너 나 할 것 없이 싸움질의 명수가 되어 있었지. 그러지 않으면 내 목숨을 내놓아야 하니까……."

"헐~! 그런 이유가 있었던 거였어요?"

"그때 하필이면 러시아 국내에서 혁명이 일어나 국내 정치가 매우 불안정한 상황으로 치닫기 시작했어. 그러던 차에 미국의 대통령 루스벨트가 중재에 나서서 1905년 9월 두 나라는 휴전을 하게 되었지. 하지만 승전국은 분명한 일본이었어. 따라서 일본은 대한 제국에 대한 지도권과 감독권을 인정받았고, 러시아는 일본에게 사할린 남부를 넘겨주는 한편 연해주와 캄차카 반도에서 일본 어선의 어업권을 인정하지 않을 수 없었지. 게다가 만주 일부 지역에 대한 임시 통치권과 철도까지 일본의 손아귀로 들어가고 말았단다."

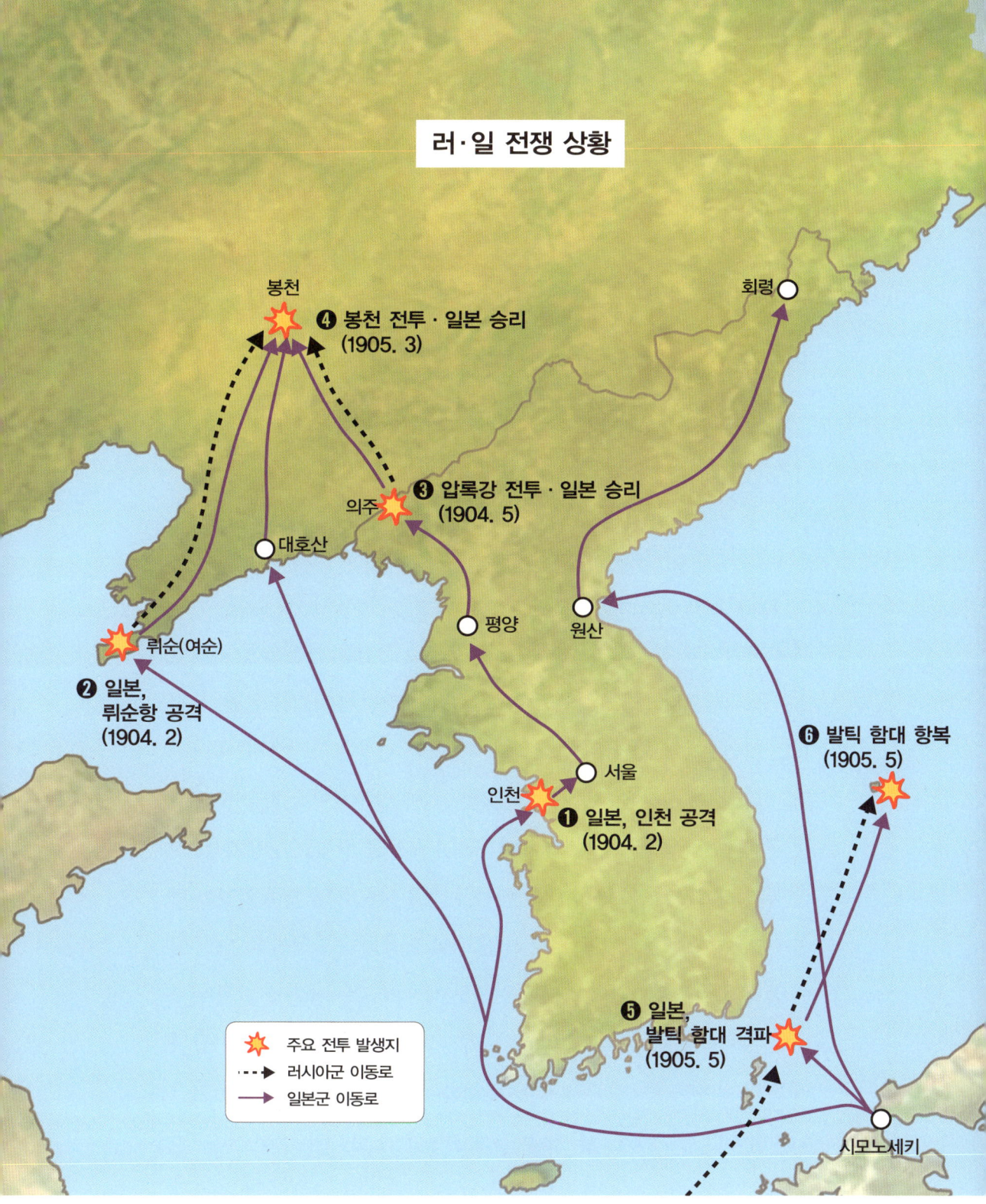

"지도권과 감독권이라니! 약소국의 설움을 여기에서 또 느끼게 되네요!"

"우리는 전혀 원하지 않은 일인데 지도와 감독해 줄 나라를 자기네들끼리 정하다니, 참으로 황당하지? 약소국 대한 제국은 그렇게 서구 열강의 승인, 혹은 묵인 아래 일본의 식민지로 전락하기 시작한 거야."

외삼촌은 이제 일본이 어떤 과정을 거쳐 우리나라를 식민지로 만들었는지에 대해 알아볼 차례가 되었다며, 자못 비장한 표정을 지어 보였어요. 분위기를 파악한 재윤이 역시 장난이나 웃음기를 쫙 뺀 채 허리를 곧추세워 바른 자세를 하고 앉았고요.

"1904년 초 일본과 러시아 사이에 전운이 감돌자 대한 제국은 전쟁의 소용돌이에 휩쓸리지 않기 위해 1월 23일 중립을 선언했어. 하지만 일본은 대한 제국을 우군으로 삼아 전쟁을 유리하게 이끄는 한편, 본격적인 식민지화 전략의 일환으로 한·일 협약 체결을 요구했지. 나아가 러·일 전쟁이 시작된 후 닷새 만인 2월 9일에 일본군이 인천을 통해 서울에 진입함으로써 실질적으로 일본군이 서울을 점령한 상태에서, 일본 공사 하야시는 또다시 한·일 군사 동맹을 맺을 것을 강요하면서 탁지부대신 이용익을 납치하는 등 대한 제국 조정을 더욱 압박한 거야. 이에 중립 유지가 불가능함을 깨달은 대한 제국 조정은 어쩔 수 없이 외부대신 이지용을 보낼 수밖에 없었고, 이지용과 하야시는 2월 23일 두 나라 간의 협약인 '한·일 의정서'를 체결하게 되었단다."

외삼촌이 나누어 준 '한·일 의정서'의 내용은 다음과 같았어요.

제1조 한일 양국은 영원히 변치 않는 친교를 약속하고, 동양의 평화를 확립하기 위해 대한 제국은 일본 정부의 정치 개선에 대한 충고를 들을 것.

제2조 일본 정부는 대한 제국의 황실을 안전하고 강녕하게 할 것.

제3조 일본 정부는 대한 제국의 독립과 영토 보전을 확실히 보증할 것.

제4조 제3국의 침해나 내란으로 인해 대한 제국 황실의 안녕과 영토 보전에 위험이 있을 경우 일본 정부는 속히 임기응변의 필요한 조치를 행할 것이며, 대한 제국 정부는 일본 정부의 행동이 용이하도록 충분히 편의를 제공할 것. 일본 정부는 이와 같은 목적을 달성하기 위해 군사 전략상 필요한 지점을 일정 기간 수용할 수 있음.

제5조 대한 제국 정부와 일본 정부는 상호의 승인을 받지 않은 상태에서, 훗날 본 협정의 취지에 위반되는 협약을 제3국과 맺을 수 없음.

제6조 본 협약에 관련되는 미비한 세부 내용은 대한 제국 외부대신과 일본의 대표자 사이에 협정키로 함.

한·일 의정서 내용을 확인한 재윤이가 말했어요.

"이건 일본이 대한 제국을 확실하게 지켜 준다는 내용인데요!"

그러자 은서 언니가 보충 설명을 해 주었어요.

"얼른 보기에는 대한 제국의 안전을 지켜 준다는 말 같지만, 전략적인 필요에 따라 일본이 대한 제국의 영토를 자유롭게 사용할 수 있게 되었잖니. 또한 대한 제국 조정이 나라를 통치하는데 일본의 충고를 받아야만 하는 항목도 들어가 있고……, 이 의정서로 일본은 우리나라를 통치할 수 있는 발판을 마련한 거야."

"뜨악! 그, 그런 거였어?"

한·일 의정서 체결과 그 내용이 알려지자 사방에서 반대의 목소리가 터져 나왔답니다. 언론에서는 정부와 외부대신을 비난하면서 의정서 폐지를 주장했고, 백성들 역시 일본에 저항해 모든 것들 백지화해야 한다고 목소리를 높였지요.

하지만 대한 제국 조정은 1904년 5월 18일자 조칙으로, 그동안 한·러 사이에 체결되었던 모든 조약과 러시아에 양도했던 이권을 폐기한다고 선언했어요. 아관 파천 이후 막강하기만 했던 러시아 세력이 한반도에서 완전히 물러나게 된 거예요.

"일본은 한·일 의정서를 근거로 우리나라에서 군사 활동을 자유롭

게 하는 한편, 각종 이권 역시 차지하게 되었어. 통신 기관이나 철도 부설권이 일본으로 넘어간 거야. 게다가 6월 4일에는 '한·일 양국 인민 어로 구역에 관한 조약'을 체결해 일본 어선이 평안도·황해도·충청도 등의 서해안에서 어업 활동을 할 수 있게 되었어. 한·일 의정서 체결 100여 일 만에 일본의 한반도 침략이 본격화된 거야."

재윤이가 고개를 절레절레 흔들면서 혼잣말을 중얼거렸어요.

"우와, 문서에 들어간 단어 하나하나가 엄청 무서운 거구나!"

그로부터 약 두 달 반이 지난 8월 22일, 일본의 강압을 이기지 못한 대한 제국은 '외국인 용빙 협정'이라는 공식 명칭을 가진 '제1차 한·일 협약'을 체결할 수밖에 없었답니다.

1. 대한 제국 정부는 일본 정부가 추천하는 일본인 1명을 재정 고문으로 하여 대한 제국 정부에 용빙하고, 재무에 관한 사항은 일체 그의 의견을 물어 실시할 것.
2. 대한 제국 정부는 일본 정부가 추천하는 외국인 1명을 외무 고문으로 하여 외부에 용빙하고, 외교에 관한 업무는 일체 그의 의견을 물어 실시할 것.
3. 대한 제국 정부는 외국과의 조약 체결이나 기타 중요한 외교 안건, 즉 외국인에 대한 특권 양여와 계약 등의 처리에 관해서는 미리 일본 정부와 토의할 것.

이 조약으로 인해 대한 제국의 재정·외교·군사·경찰·문교 등 나라의 모든 중요 정책은 일본에 의해 통제될 수밖에 없었어요. 그럼에도 불구하고 일본은 만족하지 않았어요. 이듬해인 1905년 11월 17일, 대한 제국의 외교권 박탈과 통감부 설치 등을 주요 내용으로 하는 '제2차 한·일 협약' 또는 '을사조약'이라고 부르는 조약을 강제로 체결하게 했거든요.

외삼촌은 우선 을사조약의 내용부터 확인하도록 했어요.

제1조 일본 정부는 재동경 외무성을 경유하여 금후 대한 제국의 외국
  에 대한 관계 및 사무를 감리·지휘하며, 일본의 외교 대표자 및

영사는 외국에 재류하는 대한 제국의 신민 및 이익을 보호한다.

제2조 일본 정부는 대한 제국과 타국 사이에 현존하는 조약의 실행을 완수할 임무가 있으며, 대한 제국 정부는 금후 일본 정부의 중개를 거치지 않고는 국제적 성질을 가진 어떤 조약이나 약속도 하지 않기로 상약한다.

제3조 일본 정부는 그 대표자로 하여금 대한 제국 황제 폐하의 궐하에 1명의 통감을 두게 하며, 통감은 오로지 외교에 관한 사항을 관리하기 위하여 서울에 주재하고 대한 제국 황제 폐하를 친히 내알할 권리를 가진다.

일본 정부는 또한 대한 제국의 각 개항장 및 일본 정부가 필요하다고 인정하는 지역에 이사관을 둘 권리를 가지며, 이사관은 통감의 지휘 하에 종래 재대한 제국 일본 영사에게 속하던 일체의 직권을 집행하고 아울러 본 협약의 조관을 완전히 실행하는 데 필요한 일체의 사무를 장리한다.

제4조 일본과 대한 제국 사이에 현존하는 조약 및 약속은 본 협약에 저촉되지 않는 한 모두 그 효력이 계속되는 것으로 한다.

제5조 일본 정부는 대한 제국 황실의 안녕과 존엄의 유지를 보증한다.

외삼촌이 낮은 목소리로 말했어요.

"우리가 지금 확인한 을사조약에 따라 대한 제국은 외교권을 일본에 빼앗기고 말았어. 그래서 외국에 나가 있던 대한 제국의 모든 외교 기관

이 폐지되었고, 우리나라에 들어와 있던 외국의 외교관들 역시 본국으로 돌아가고 말았지. 그러니까 외국 사람들이 보았을 때 대한 제국은 '있으면서도 없는 나라, 또는 없으면서도 있는 나라'가 되어 버린 거야. 다시 말해서 나라가 아직 멸망하지 않았으므로 존재하고는 있지만, 실제로는 일본의 일부나 다름없는 처지로 전락하고 말았단다."

얼굴이 발갛게 달아오른 재윤이가 바싹 마른 목소리로 물었어요.

"나라가 곧 없어지게 되었으니, 백성들도 가만히 있지는 않았을 텐데요."

"물론이지. 제1차 한·일 협약 체결 이후 이한응이 항의하다 자결했고, 민영환·조병세·홍만식·이상철·김봉학 등은 을사조약이 체결되자 죽음으로 저항했으며, 민종식·최익현·신돌석·유인석 등은 의병을 일으키기도 했어. 대한 제국의 황제인 고종 역시 밀서와 함께 이준·이상설·이위종 등을 네덜란드 헤이그의 만국 평화 회의에 보내 을사조약이 일본의 강압에 의한 체결이므로 무효라는 외교적 노력을 기울이기도 했단다."

"하지만 역시 별다른 이변은 일어나지 않았겠지요?"

특사로 헤이그 만국 평화 회의에 간 이준, 이상설, 이위종(왼쪽부터)

"안타까운 일이지만, 그랬어."

스멀거리며 창틈을 비집고 들어온 무거운 공기가 서연이의 가슴을 답답하게 했어요. 비록 힘의 논리에 의해 좌우되는 것이 국제 관계라지만, 그와 같은 일본의 만행을 그 어떤 나라도 저지하려 하지 않았다는 사실이 슬프기도 했고요. 서연이는 재윤이가 아까 했던 말처럼 결론은 국력이라는 생각을 다시 한 번 되새기게 되었답니다.

재미있는 우리 역사, 돋보기로 살펴보기 11

을사조약 체결에 저항한 백성들 - 을사의병

을사조약이 체결되자 우리 민족의 저항은 여러 가지 형태의 항일 운동으로 나타났답니다. 분을 참지 못해 자결하는 고위 관료들이 속출하는 가운데 장지연은 황성신문에 '시일야방성대곡'이라는 사설을 발표해 비분을 전했고, 백성들은 조약을 체결해 '을사오적'(학부대신 이완용, 외부대신 박제순, 군부대신 이근택, 내부대신 이지용, 농상공부대신 권중현)으로 지목된 대신들을 습격하기도 했지요.

또한 전국 각지에서 항일 의병이 봉기해 '을사의병'이 일어났어요. 원용석·박정수 등은 1905년 9월 원주 지역에서 사람들을 모아 의병대를 조직했고, 단양에서는 정운경이 의병 300~400명을 규합했어요. 하지만 일진회와 진위대 등의 습격으로 해산당하고 말았답니다. 하지만 오늘날의 홍성 지방에서 민종식·안병찬 등이 주축이 되어 활동한 홍주의병은 치열한 항전을 벌였어요. 홍주의병은 대포 75문을 보유할 정도로 규모가 커서 홍주성을 점령하기도 했는데, 지방 경찰 병력으로는 상대가 되지 않아 일본군은 3개 중대와 기병 1개 소대, 그리고 기관총 등을 동원해 3일간 격전을 벌일 정도였지요.

대원군 집권 때부터 직언을 서슴치 않았던 최익현 역시 의병을 조직해 저항했는데, 당시 태인 군수로 재직 중이던 임병찬도 합세해 힘을 보탤 정도였어요. 하지만 최익현·임병찬·고석진 등 지도자들이 붙잡혀 의병은 해체되었고, 쓰시마 섬으로 귀양을 떠난 최익현은 '일본인이 주는 밥을 먹을 수 없다.'며 단식하다 세상을 떠나고 말았답니다.

한편, 평민 출신으로 영남 지역에서 의병을 모은 신돌석은 영천을 중심으로 한 정환직의 의병과 호응하면서 동해안 여러 곳에서 의병 활동을 했어요. 한때 의병의 숫자가 3천 명에 이를 정도로 규모가 컸는데, 엄한 규율과 뛰어난 유격 전술로 상당한 전과를 올렸지요.

그 이외에도 안성의 박석여, 여주의 이범주, 양구의 최도환, 홍천의 박장호, 공주의 이세영·김덕진, 임실의 강재천, 장성의 기우만, 광양의 백락구, 남원의 양한규, 경주의 유시연, 영양의 김순현, 울진의 김현규 등 수많은 의병장들이 떨치고 일어나 큰 활약을 펼쳤답니다.

최익현 초상 · 국립중앙박물관

한·일 병합과 함께
역사 속으로 사라진 조선왕조

1907년 7월, 네덜란드의 수도 헤이그에서 열린 제2회 만국 평화 회의에 밀사를 파견한 사실이 드러나자 일제는 고종 황제를 폐위시키기 위해 압력을 가하기 시작했어요. 조선 통감부 초대 통감 이토 히로부미는 일본군 최고 지휘관들을 이끌고 궁궐로 들어와 고종을 알현했지요.

헤이그 밀사 사건이 알려진 이후 일본이 고종을 퇴위시키기까지 어떤 일들이 벌어졌는지, 외삼촌의 이야기가 시작되었어요.

"이토 히로부미는 고종을 보자마자 헤이그에 밀사를 보낸 까닭을 따지면서, 일본에 대항하려면 차라리 공공연한 방법으로 드러내 놓고 하라고 비난했어. 그리고 친일파 각료 송병준은 고종에게 직접 일본으로 건너가 천황에게 사죄를 하거나, 대한문 앞에서 하세가와 요시미치 조선주차군사령관에게 사과하라고 요구했단다."

재윤이가 흥분된 어조로 말했어요.

"이토 히로부미는 어차피 일본 사람이니 그렇다고 하더라도, 송병준의 머릿속에는 도대체 무엇이 들어있었던 걸까요?"

"무과에 급제해 군대에 몸담은 인물로 본래 보수파였어. 그래서 갑신정변 이후 김옥균을 살해하기 위해 일본으로 건너갔는데, 오히려 설득당해 개화파로 돌아선 인물이지. 일찍이 노다 헤이지로라는 이름으로 개명한 뒤 러·일 전쟁이 일어나자 일본군 통역이 되어 일본의 앞잡이 노릇을 시작했는데, 대표적 친일 단체인 유신회와 일진회를 만들어 나라를 일본에 넘겨주기 위한 사전 정지 작업을 했던 자가 바로 송병준이야."

"본래부터 강한 자한테 빌붙기를 좋아하는 아첨꾼이었네요! 아무리 그래도 나라 팔아먹는 짓까지는 하지 말았어야지."

이토 히로부미

"고종을 알현한 이후 조선 통감 이토 히로부미는 일본 총리대신 사이온지 긴모치에게 전보를 보내 고종 황제가 밀사를 파견한 것은 대한 제국이 일본에 대해 공공연히 적의를 내보인 조약 위반이므로, 일본은 대한 제국에 대해 선전 포고를 해도 좋다고 알렸어. 나아가 앞으로 일본 정부가 어떤 입장을 취할 것인지 일본의 원로대신들의 의견을 모아달라고 요청하면서, 조선에서는 이미 대한 제국 정부의 총리대신 이완용과 고종의 양위 문제에 대해 의견을 나눈 적이 있다고 보고했단다."

"그래서 일본은 어떤 결정을 내렸어요?"

"일본 총리대신 사이온지 긴모치는 원로대신 회의를 열어 '이번 기회를 이용해 대한 제국의 내정을 완전히 장악해야 한다. 만약 내정 장악이 불가능할 경우 내각 대신 이하 중요 관헌을 임명하는데 일본 통감의 동의를 받아야 할 권리, 또는 통감이 추천하는 일본인을 내각 대신 이하 중요 관헌에 임명할 권리 등을 확보하자.'는 결론을 내렸지."

"이젠 정말로 자기네들 마음대로 하겠다는 거네요."

다음은 그 당시 두 번에 걸쳐 일본 각의에 제출된 '대한 제국 처리 요강'이에요. 일본 정부가 대한 제국에 어떤 조치를 취하는 것이 유리한지에 대해 깊은 고민을 했던 거예요.

〈제1안〉

첫째, 대한 제국 황제로 하여금 대권에 속하는 내치 정무의 모든 실행을 일본의 조선 통감에게 위임하게 할 것.

둘째, 대한 제국 정부로 하여금 내정에 관한 중요 사항은 모두 통감의 동의를 얻어 시행하게 하고, 시정 개선에 대해 통감의 지도를 받겠다고 약속하게 할 것.

셋째, 군부대신과 탁지부대신은 일본인으로 임명할 것.

〈제2안〉

첫째, 대한 제국 황제가 황태자에게 양위하여 장래의 화근을 두절케 할 것.

둘째, 본 건의 실행은 대한 제국 정부가 스스로 실행케 함이 유리하며, 황제와 정부는 통감의 부서 없이는 정무를 실행할 수 없게 하여 통감이 섭정 이상의 권리를 가지게 할 것.

셋째, 대한 제국 정부의 중요 각부에 일본 정부가 파견한 관료가 대신 혹은 차관의 직무를 행하게 할 것.

"바다 건너 일본 정부에서 이와 같은 협의를 하고 있을 때, 대한 제국 내부에서는 대표적인 친일파 각료였던 이완용과 송병준이 앞장서서 황제 폐위를 주장하고 나섰어. 일본이 헤이그 밀사 사건에 대한 책임을 물어 합병을 요구하기 전에 황제가 먼저 양위를 선포한 뒤 사죄를 하는 것이 대한 제국을 살리는 길이라는 것이었지. 그 결과 1907년 7월 16일에 열린 내각 회의에서 황제 폐위가 결정되어 버렸단다."

"고종은 내각의 폐위 결정을 순순히 받아들였어요?"

"이완용이 고종을 알현하고 폐위 사실을 통보하자 '짐이 너희들의 검은 속셈을 알고 있으므로, 죽어도 양위하지 않겠다!'고 거부하면서, 철종의 딸 영혜옹주와의 결혼과 함께 왕실의 부마가 된 박영효를 궁내부대신으로 임명해 국면 전환을 기대했어."

"적어도 박영효는 자신의 편에 서 줄 것이라고 여겼던 모양이네요."

"그 당시 고종은 썩은 동아줄이라도 잡아야 할 입장이었거든. 하지만 이토 히로부미의 지시를 받은 내부대신 송병준이 일진회 회원 수백 명을 동원해 궁궐을 포위하는 등 상황은 악화되기만 했지."

재윤이가 붉으락푸르락한 얼굴이 되어 중얼거렸어요.

"송병준은 일본 놈보다 더 악랄한 놈 같아요!"

게다가 7월 18일 열린 내각 회의에서 송병준은 황제가 양위를 끝내 거부하면 강제로라도 도장을 찍게 하는 수밖에 없다면서 옥새를 확보하자고 제안했답니다. 양위가 안 된다면 최소한 황태자 대리라도 실행해야 한다면서 더욱 강력하게 고종을 압박하기로 한 거예요.

그날 오후 대신들은 한꺼번에 대궐로 몰려가 고종에게 양위를 요구했대요. 고종은 여전히 고개를 내저으면서 마지막 희망인 궁내부대신 박영효를 불러오라고 했지요. 하지만 박영효 역시 한통속이었으므로 병을 칭하며 입궐을 거부했어요.

"더 이상 물러설 곳이 없게 된 고종은 어쩔 수 없이 황태자에게 대리를 명한다는 조칙에 도장을 찍고 말았어. 이튿날 새벽 5시가 될 때까지 악착같이 버텨 보았지만, 모두 일본의 앞잡이가 되어 버린 대신들을 이길 수가 없었던 거야."

"후우……!"

서연이는 자신도 모르는 사이에 낮은 한숨을 내뱉었어요.

1907년 7월 19일, 대한 제국 내각은 황태자 대리의 조칙을 공식적으로 발표했대요. 고종은 분명히 황태자 대리를 승인한 것일 뿐 양위를 선언한 것은 아니었지만, 일본과 대한 제국 친일 내각은 7월 20일 오전 9시 대한 제국 황제 양위식을 거행해 버렸답니다. 조선왕조의 마지막 임금이자 대한 제국의 두 번째 황제인 순종이 즉위한 것이지요. 헤이그 밀사 사건이 알려진 지 불과 보름 정도의 기간 동안 그 많고도 엄청난 일들이 벌어진 거예요.

그런데 황당한 것은 경운궁 중화전에서 거행된 양위식 행사에 황위를 물려줄 고종과 황위를 이어받을 순종이 참석하지 않았다는 사실이에요. 당사자를 대신해 내관들에 의해 치러진 양위식이 끝나자 일본은 세계 각국에 이와 같은 사실을 알려 고종의 퇴위를 공식화했어요. 아버지 흥선 대원군의 노력으로 열두 살 때 임금이 된 고종은, 44년이 지난 후 또다시 자신의 뜻과는 상관없이 그 자리에서 내려왔던 것이지요.

"고종의 강제 퇴위 사실이 알려지자 전국 방방곡곡에서 백성들의 통곡 소리가 터져 나왔고, 분노한 민중들이 일본인을 공격하는 사태가 연이어 일어났어. 또한 이완용의 집이 불에 타는 등 시위와 폭동이 계속되자 일본은 경찰과 군대를 동원해 무자비한 진압을 하는 한편, 군 병력 1개 대대를 경운궁으로 보내 왕궁을 점령해 버렸지. 나아가 서울 외곽에 주둔해 있던 포병을 남산에 배치해 서울 시내 전체를 감시하게 했고, 용산에 있던 대한 제국 군대의 화약고까지 손에 넣는 등 무차별 학살을 준비하자 양위 반대 시위는 점차 수그러들고 말았단다."

한편, 일본 통감부는 대한 제국의 군대를 해산시키기 위해 치밀한 계획을 세워 움직이고 있었답니다. 우선 대한 제국 군대의 모든 장병들에게 금족령禁足令을 내린 뒤 일본군이 화약과 탄약고를 접수했고, 주한 일본군을 확대 개편해 인원을 보충한 다음 총기 6만 정까지 지급했다고 해요. 그렇게 모든 준비를 마친 일본은 1907년 7월 31일 순종으로 하여금 군대 해산 조칙을 내리게 했고, 이튿날인 8월 1일부터 서울에 주둔하고 있던 대한 제국의 부대부터 해산하기 시작했답니다.

한편, 일본의 본격적인 침략이 시작되자 이에 저항하기 위해 돈의학교를 세워 민족 의식을 고취시키는 교육 활동을 하던 안중근은, 러시아 연해주로 거처를 옮겨 항일 의병 활동을 시작했어요. 열한 명의 동지들과 함께 왼손 넷째 손가락을 자르는 '단지동맹'을 결성한 뒤, 두만강 일대의 일본군 수비대를 공격하는 등 적극적인 항일 운동을 펼치고 있었지요.

그러던 어느 날 안중근은 일본의 조선 통감 이토 히로부미가 만주 철도 문제를 러시아 당국과 협의하기 위해 하얼빈을 방문한다는 소식을 들었어요.

외삼촌이 안중근 의사에 대한 이야기를 들려주었어요.

"안중근은 이토 히로부미가 1909년 10월 26일 오전 9시 하얼빈 역에 도착한다는 연락을 받고, 동지 두 명과 함께 계획을 세웠어. 교활한 이토 히로부미가 만에 하나라도 하얼빈 직전 역인 지야이지스고 역에서 내릴 것에 대비해 두 사람은 지야이지스고 역에서 대기하고, 안중근은 하얼빈 역에서 기다리고 있다가 이토 히로부미를 저격하기로 한 거야."

재윤이의 눈빛이 모처럼 반짝하고 빛났어요.

"맞아! 우리나라에는 이완용이나 송병준과 같은 매국노도 있었지만, 안중근이나 윤봉길 의사같은 애국자도 많았어요!"

"1909년 10월 26일 이른 아침 하얼빈 역에 도착한 안중근은 이토 히로부미를 환영하기 위해 모인 인파에 섞여 열차가 도착하기를 기다렸지. 그리고 9시가 되자 열차가 들어오고 있다는 안내 방송과 함께 사람들이 웅성거리기 시작했고, 열차에서 내린 이토 히로부미는 러시아 장교들과 인사를 마친 뒤 자신을 환영하기 위해 모인 사람들을 향해 걸음을 옮겼어. 바로 그 순간 권총을 꺼낸 안중근은 이토 히로부미의 가슴과 머리를 향해 세 발을 발사했단다. 총알이 가슴과 머리에 박힌 이토 히로부미는 당연히 그 자리에서 쓰러지고 말았지."

"그 이후 안중근 의사는 어떻게 되었어요?"

"오늘날처럼 영상 매체가 발달하기 이전 시대였기 때문에 이토 히로부미의 얼굴을 정확하게 알 수 없었던 안중근은 나머지 세 발을 뒤따르던 일본인들에게 발사한 뒤 곧바로 러시아 헌병에게 붙잡혀 일본 영사

관으로 옮겨져 일본 검찰관 미조부치의 조사를 받았어."

재윤이가 안타까운 듯 탄식했어요.

"아, 붙잡히고 말았구나!"

"일본 검찰관이 조사를 시작하면서 이토 히로부미를 죽인 이유를 묻자 안중근은 도리어 이토 히로부미가 확실하게 죽었는지를 되물었다고 해. 그래서 암살이 성공했음을 알게 된 안중근은 이토 히로부미를 죽인 열다섯 가지 이유를 말해 주었단다."

"열다섯 가지라고요?"

재윤이가 화들짝 놀라며 되묻자, 은서 언니가 재윤이에게 종이 한 장을 건네주었어요. 거기에는 안중근 의사가 이토 히로부미를 죽인 15가지 이유가 적혀 있었지요.

안중근 의사

1. 대한 제국의 국모 명성황후를 시해한 죄.

2. 대한 제국 황제 고종을 폐위시킨 죄.

3. 을사조약과 한·일 신협약을 강제로 맺은 죄.

4. 무고한 대한 제국 백성들을 학살한 죄.

5. 대한 제국 정권을 강제로 빼앗은 죄.

6. 대한 제국의 철도·광산·산림·천택川澤을 강제로 빼앗은 죄.

7. 제일은행권 지폐를 강제로 사용한 죄.

8. 대한 제국 군대를 해산시킨 죄.

9. 대한 제국 백성들의 교육을 방해한 죄.

10. 대한 제국 백성들의 외국 유학을 금지시킨 죄.

11. 대한 제국 교과서를 압수해 불태워 버린 죄.

12. 대한 제국이 일본의 보호를 받고자 한다고 거짓말을 퍼뜨린 죄.

13. 일본에 의한 대한 제국 백성들의 살육이 끊이지 않고 있는데, 태평 무사한 것처럼 천황을 속인 죄.

14. 동양의 평화를 깨뜨린 죄.

15. 일본 천황의 아버지 태황제를 죽인 죄.

그 이후 재판이 열렸을 때 일본 검찰관이 또다시 이토 히로부미를 죽인 이유에 대해 물었어요. 그러자 안중근은 '내가 이토 히로부미를 죽인 것은 나 한 사람의 원한 때문이 아니다. 대한 제국의 독립과 동양의 평화를 위한 사명이기 때문이었다. 나아가 내가 이토 히로부미를 죽인 것은 대한 제국 독립 전쟁의 한 부분이다. 또 내가 일본 법정에 서게 된 것도 전쟁에 패배하여 포로가 되었기 때문이다. 그러니 일본은 나를 국제법인 만국 공법에 근거해 처리해야 한다. 나는 전쟁 포로일 뿐, 범죄자가 아님을 명심하라!'고 의연하게 말했답니다.

"1910년 2월 14일, 안중근은 공판에서 사형을 선고 받았어. 그러자 항소를 포기한 안중근은 두 동생에게 다음과 같은 유언을 남겼단다. '내가 죽은 뒤에 내 뼈를 하얼빈 공원 곁에 묻어 두었다가 우리나라가 독립이 되거든 고국으로 옮겨 다오. 나는 천국에 가서도 마땅히 우리나라의 독립을 위해 힘을 다할 것이다. 너희는 돌아가 모든 동포들이 각각 책임을 지고 백성으로서 도리를 다하도록 애써라. 마음을 같이하고 힘을 합하여 공을 세우고 업적을 이루도록 힘써야 한다. 곧 대한 독립의 소리가 들려오면, 나는 마땅히 춤을 추며 만세를 부를 것이다!'라고 말이다."

이토 히로부미를 저격한 안중근은 1910년 3월 26일 오전 10시, 교수

형에 처해졌어요. 그때 안중근의 나이는 겨우 서른두 살에 불과했답니다.

한편, 이토 히로부미의 암살에 놀란 일본은 데라우치 마사타케를 새 통감으로 임명한 뒤, 한·일 병합을 서둘렀어요. 데라우치 마사타케는 이완용과 송병준 등 친일파 대신들을 앞세워 한·일 병합에 찬성한다는 황제의 도장을 강제로 받아냈고요.

1910년 8월 29일 이루어진 한·일 병합 조약에 의해 대한 제국의 통치권은 일본으로 넘어갔어요. 1392년 이성계에 의해 건국된 조선왕조는 27대 임금과 519년 역사를 뒤로한 채 멸망해 일본의 식민지가 된 거예요.

서연이는 가슴이 먹먹해지면서 눈물이 핑 돌았어요.

고개를 돌려 보니 은서 언니와 재윤이도 마찬가지네요.

하지만 오천 년 역사의 우리 민족이 가장 힘난한 세월을 보내야 했던 일제강점기가 기다리고 있어요. 따라서 서연이는 그 어느 때보다 똑바른 정신으로 시간 여행 준비를 해 두어야 되겠다는 다짐을 했답니다.

재미있는 우리 역사, 돋보기로 살펴보기 12

우리 민족의 힘을 보여준 주권 수호 운동 - 국채 보상 운동

1904년 한·일 협약 체결 이후 고문 정치를 하면서 일본은 우리 경제를 파탄에 빠뜨려 일본에 예속시키기 위해 일본으로부터 차관을 도입하게 했고, 통감부는 이 차관을 경찰 기구의 확장 등 일제 침략을 위한 투자와 일본인 거류민을 위한 시설에 충당했어요. 그러다 보니 1907년 우리 정부가 짊어진 외채는 총 1,300만 원이나 되었답니다. 그 당시 우리 정부는 77만 원에 이르는 적자 예산에 시달리고 있었으므로 거액의 외채 상환은 불가능한 처지였지요.

상황이 이 지경에 이르자 모든 국민이 한마음이 되어 주권 수호 운동을 벌인 것이 국채 보상 운동이었어요. 나라 빚을 모두 갚아 국권을 회복하자는 것이었지요. 국채 보상 운동은 대한매일신보 대구지사 업무 등을 하고 있던 광문사에서 1907년 2월 시작되었어요.

회원들이 모여 회의를 하던 중 회원 서상돈이 국채 보상 운동을 전개하자는 제안에 따라 참석자 전원이 찬성하고, 그 자리에서 담배를 끊기로 결의한 뒤 국채 보상금 약 2천 원을 출연했지요. 나아가 2천만 동포가 담배를 3개월만 끊으면 국채를 갚을 수 있으니, 우리 모두 담배를 끊어 절약한 담배 값을 모아 국채를 상환하자는 내용의 '국채 보상 취지서'를 발표했답니다.

그 이후 국채 보상 모금을 위한 국민대회를 열고 국채지원금수합사무소를 설치해 활동을 시작했는데, 전 국민이 뜨거운 성원을 보냈고 여러 언론사가 캠페인을 벌이며 적극적으로 지원해 주었어요.

이후 두 달이 지난 4월 말까지 보상금을 낸 사람은 4만여 명이나 되었고, 5월 말이 되자 모금액이 230만 원에 이르렀답니다. 또한 국채 보상 운동에는 여성들도 적극적으로 참여했는데, 전국 곳곳에서 여성 모임이 생겨나면서 결혼할 때 받은 패물을 보상 운동에 기부했어요. 하지만 국채 보상 운동이 전국적으로 확산되자 일제는 이 운동을 적극적으로 탄압하기 시작했어요. 송병준 등에 의해 설립된 매국 단체인 일진회는 폭력을 이용한 공격을 일삼았고, 일본 통감부는 국채 보상 운동을 벌이고 있는 핵심 인물들에게 보상금 횡령이라는 누명을 씌워 구속하는 등 온갖 방법으로 방해를 했어요. 그 결과 국채 보상 운동은 더 이상 진전 없이 좌절되고 말았답니다.